Évasions

Jean-Jacques Le Garrec

Évasions

XO ÉDITIONS

Crédits photographiques du hors-texte :
France 2 / J.-J. Le Garrec, sauf page 8, en bas : F. de la Mure / MAE 2000.

ISBN : 2-84563-051-4

À *Ryan*
À *Catherine*
À *ma famille*
À *vous tous qui m'avez attendu*

Mais les vrais voyageurs sont ceux-là seuls qui partent
Pour partir, cœurs légers, semblables aux ballons,
De leur fatalité jamais ils ne s'écartent,
Et, sans savoir pourquoi, disent toujours : Allons !

Charles Baudelaire,
"Le Voyage"

Avertissement

Longtemps, bien longtemps avant la fin de cette histoire, je souhaitais appeler ce bloc-notes " Évasions " au pluriel. En effet, ces échappées belles à mes geôliers, ces fuites de la pensée où je m'extrayais de moi-même pour observer mon énergumène se débattre dans sa jungle, étaient autant d'évasions, de moments où je trompais en esprit la vigilance de mes ravisseurs.

Aujourd'hui, ce titre est devenu, pour vous seuls qui connaissez la fin de l'histoire, presque trivial. J'ai néanmoins souhaité le garder, en lui rendant, par cet avertissement, son sens originel.

Vue de notre cahute sur

celle des évangelistes

Préface

Un nom dans l'interphone, le mien ; dans le bureau, on me demande si je peux partir à Jolo, pour " les otages ", avec Maryse Burgot et Roland Madura. Dans ce genre de situation, la réponse pour moi tombe comme une évidence : " Bien sûr ! " – Depuis deux mois et demi, un groupe d'une vingtaine de touristes est retenu dans une île du sud des Philippines, après avoir été enlevé dans un centre de plongée en Malaisie, par un groupe de rebelles musulmans dénommé " Abou Sayyaf " ; parmi eux, des Philippins, des Malaysiens et des Occidentaux, dont trois ressortissants français, Marie Moarbès, Sonia Wendling et Stéphane Loisy. On sait bien, parce que l'on en a de malheureuses expériences à France 2, que le plus gros risque dans ces affaires d'otages est l'oubli. La " raison d'État ", quand elle est évoquée, tombe pour eux comme un couperet. " Bien sûr ", ce genre de mission est dangereuse. " Bien sûr ", je vais inquiéter tous ceux qui m'entourent et me sont chers, mais ils savent ce que j'ai dans la peau. Tout le reste n'est que routine : un voyage mouvementé[1], une arrivée rocambolesque, et ce fameux rendez-vous, le 9 juillet 2000, avec " Mudjib et Robot ", les " commanders " des ravisseurs. La filière est sûre, déjà éprouvée, nous ne sommes que depuis vingt-quatre heures dans l'île, peu de gens nous ont repérés, il vaut mieux opérer vite, sinon tout peut déraper. Et de fait, même avec ces précautions, convaincus que nous sommes d'avoir agi avec prudence et responsabilité, tout va déraper en cette soirée du 9 juillet où nos hôtes s'aperçoivent que, finalement, on ne détonne pas trop dans le décor, et décident de nous garder. De témoins, nous devenons acteurs, et le premier sentiment est une sorte de honte. Et puis on se dit que parfois l'histoire doit se vivre " de l'intérieur ", et pour être dedans, là, on est dedans, alors, vivons-la à fond.

1. *Voir récit de ce voyage dans la correspondance.*

PREMIÈRE PARTIE

14 juillet 2000, 6e jour

Le premier mot est l'un des plus durs. On s'installe dans un quotidien dont on a déjà peur qu'il soit trop court. Les journées qui passent trop vite, la nuit qui vient trop tôt, les repas qui viennent perturber les pensées dont le cours est apaisant. On dit " on ", mais très vite on est seul. Les paroles viennent trahir les pensées dans l'obligation qu'on a de se mentir. Toute idée trouble doit être gardée pour soi. On ne dit que les choses rassurantes, ce qui rend la solitude un peu plus pénible car obligée de se maquiller, et tout dialogue factice car contraint et mensonger. Alors il est difficile de trouver le premier mot à écrire dans cette détention qui sera un fil conducteur, mais qui ne sera pas le récit. L'envie d'écrire est forte, parce qu'on vit face à sa vérité, exposé et nu, faible car impuissant, mais fort si l'on arrive à être libre dans sa tête. Je vais essayer de faire éclore cette liberté, tout en composant avec le mensonge dû à mes compagnons. On ne peut pas dire qu'on va bien car c'est effrayant, on ne peut pas dire qu'on va mal parce que ce serait décourageant. Alors pour rester soi, on ne peut qu'écrire, peut-être est-ce même s'écrire à soi-même, pour se soutenir et se révéler. Il y a comme un suc prêt à jaillir, un suc dont on ne sait si c'est un venin ou un philtre de renaissance. On sent monter ce frisson, à la fois effrayant et exaltant, dont on ne sait où il vous mène mais que déjà on ne peut plus retenir, un peu comme quand, adolescents, vous étiez, Messieurs, juste avant de mouiller pour la première fois vos draps. Est-ce le spectre de la mort, toujours présente en esprit, bien que jamais citée – ou l'éclat d'une découverte inattendue de soi, d'une résurrection ? Il y a pour l'instant seulement la certitude que quelque chose de grand, d'essentiel, de définitif est en train de se préparer, et la certitude que le temps que cela prendra nous est totalement inconnu. C'est de la force de ces deux certitudes qu'est fait ce suc ; alors, le premier mot, si difficile à trouver, je dirais que c'est le suc.

15 juillet 2000, 7e jour

Trop petits, les slips. Dommage. Dans le rythme infernal des journées trop pleines, l'apothéose fut hier l'arrivée de colis[1] à la tombée de la nuit. La tranquillité à peine

1. Dès la nouvelle de notre enlèvement, France 2 dépêchera à Zamboanga, la ville située en face de l'île de Jolo, à une heure de ferry, une équipe de collègues chargés de nous faire parvenir vivres, matériel et courrier : des femmes d'un village voisin, libres de leurs déplacements mais ayant accès aux ravisseurs, multiplieront les allers et retours avec ces colis, qui réussiront parfois à arriver jusqu'à nous.

effleurée, déjà rompue violemment par cette intrusion du monde libre dans notre retraite. Comment expliquer qu'une sincère contrariété apparaisse alors que cet " arrivage " devrait être une fête ? Est-ce parce qu'elle vient perturber l'amertume dans laquelle, de toute façon, on doit s'installer ? L'austérité n'aiderait-elle pas cette amertume, facilitant l'éclosion de résistances ? Le signe le plus fort de ce contact établi n'est-il pas que l'on s'installe dans le temps ? Contradictoire, n'est-ce pas, ce désir de se bien comporter dans la durée, donc d'éviter de la redouter ?

Il en va de même de la toilette. De quoi se lave-t-on ? Enlever la crasse, c'est inviter les moustiques sur notre chair fraîche et risquer de salir l'intérieur, ce qui est plus grave, la tête pourrait être atteinte. La propreté est un leurre de plus. La seule hygiène qui soit est celle de l'esprit. Sentir l'espace et le temps dans toutes leurs libertés. Envie de laisser le vide se faire, ressentir tout ce qui vient le contraindre et l'encombrer comme un harnais.

Alors, dans ces paquets… En plus, pas de chance, car trop petits, les slips. Dommage !

Après-midi...

Il a passé son doigt sur sa gorge, mais ce n'était pas pour signifier qu'il préférerait se trancher la gorge plutôt que de nous trahir. Le village voisin s'appelle Bandang ; il n'y a pas de quoi ! Petit lexique :

Commandant Robot et Mudjib ne sont pas nos ravisseurs, ils se présentent comme des " facilitators ". Avec des " facilitators " comme ça... Notre ravisseur est Abou Sabah, et lui ne nous considère pas comme des otages mais des intermédiaires ! Entre quoi et quoi, cela dépasse ses facultés. Enfin s'est présenté ensuite Abu Abdel Aziz, secrétaire général de " Al Arakatul Islamiya ", le mouvement qui de fait négocie pour les otages, et lui dit ne rien pouvoir faire pour nous !

16 juillet 2000, 8e jour

C'est dimanche, jour de visite. Nous recevons celle de la femme de Mudjib, un laideron enturbanné comme seuls savent en produire les fondamentalistes de toutes sortes. Elle est accompagnée de deux donzelles. J'ai d'abord cru au repos du guerrier. Mal venu, j'aime ma femme, peut-être même plus avec ce que je lui fais subir. En fait, elles étaient venues comme on va au zoo, pour nous observer. Elles ne nous ont pas trouvés très *friendly*. Elles n'avaient qu'à aller à Vincennes, les bêtes ont plus l'habitude – et en plus elles n'avaient même pas de bananes ! Même une cacahuète aurait détendu l'atmosphère.

17 juillet 2000, 9e jour

En guise de déjeuner, Robot et ses hommes nous invitent, en nous ramenant la caméra, à filmer un " espion " qu'ils ont abattu dans la nuit. “ La preuve, on a trouvé des papiers sur lui ! ” Si c'était un espion, le pauvre homme n'aurait pas eu sa carte professionnelle dans sa poche. Nous devons assister à sa crémation à l'essence et force branches de palmier.

Comme nous lui faisons remarquer que nous n'avons toujours pas eu de café, Robot nous invite au village pour un petit déjeuner. Et dans la plus grande improvisation s'ensuit une séance de téléphone satellite avec Paris (des nouvelles ! nous dirons, bonnes) et de négociations toujours aussi surréalistes dans une mosquée déserte, près d'une école primaire très animée. Nous devons filmer cet après-midi la libération de l'otage allemande[1], malade depuis deux mois. Et comme Robot s'y engage, nous n'y croyons pas beaucoup, ni à la libération, ni au tournage. En attendant, nous retournons au camp avec notre matériel et tournons un sujet que nous essaierons d'envoyer. C'est pénible de bosser. Déjà quinze heures, et le sentiment qu'on nous a gâché la journée. Peuvent pas nous foutre la paix ! Depuis hier, l'unité de mesure est la semaine. Nous entamons la deuxième. C'est peut-être pour ça qu'au réveil, ce matin, avant les événements précités, une fière “glorieuse ” s'était dressée. Le drap était tendu comme une deuxième mousti-

1. Le groupe d'otages enlevé en Malaisie comprend neuf Malaysiens, deux Philippins et dix Occidentaux : trois Français, trois Allemands, deux Sud-Africains, deux Finlandais.

quaire. C'est bon de sentir ces choses revenir. Ça tient compagnie.

18 juillet 2000, 10e jour

Ça y est, quelque chose a décroché. On sent la chute proche, mais pas encore entamée. Il n'y a simplement plus rien qui nous retient. Deux fois aujourd'hui, j'ai failli perdre connaissance. Les étourdissements chaque fois que je me relève sont de plus en plus intenses. C'est les bananes, je vous dis ! On a réussi à expédier des cassettes vidéo vers notre collègue à Zamboanga, mais, dans la précipitation, j'ai oublié de mettre la cassette enregistrée qui était dans la caméra dans la bonne boîte. J'ai donc expédié une cassette vierge. Ils vont halluciner à Paris, mais en fait peut-être est-elle plus représentative de la réalité intérieure. Du moins de celle qui est en train de se mettre en place. Un vide, une apesanteur. Oh, rien de très original, probablement une simple carence en vitamines ou minéraux. Riz, sardines depuis dix jours. Doit pas tout y avoir là-dedans. Amil, que ses copains appellent “ Brain Damage ”, nous demande tout le temps si on est “ O.K. ! ”. Il faudra bientôt trouver des mots nouveaux pour répondre à cette question. Ce gamin sauvage, au demeurant plutôt gentil et attentionné, joue approximativement à la guitare un air de musique de film, je crois, que je n'arrive pas à identifier, mais qui ne me quitte plus la tête et me ravit chaque fois. Sûr qu'il me suivra partout. Ce sera l'hymne de cette évasion permanente. Évasion, oui, car comme je l'ai dit plus haut, je viens de casser les liens et je vais doucement m'enfoncer, à leur insu. Je vais tous les avoir, ils ne vont rien voir. Notre première bougie, symbole de sagesse sans doute, touche à sa fin. Sa cire s'étale paresseusement près du papier. La forêt s'éveille, la jungle résonne, le groupe de chrétiens philippins près de nous, nos codétenus[1], continue d'implorer Jésus et de vouloir lui ressembler. Ambiance nuit !

19 juillet 2000, 11e jour

Première épreuve de force. Les branleurs ont décidé hier soir de me piquer la sangle de ma caméra pour la mettre au fusil du frère de leur chef. Ils hurlent : “ La caméra, Djo-djé[2], la caméra ! ” Pas un ne parle anglais. Devant mon refus, quelques armes cliquettent. L'énervement se généralise. Rires, cris, menaces.

1. Un groupe de treize évangélistes d'une Église pentecôtiste dénommée “ Jesus Miracle Crusade ” était venu une dizaine de jours avant nous, avec à leur tête leur “ gourou ”, le pasteur Almeida, dans le but de libérer les otages. Ils sont depuis “ retenus ” dans le même campement que nous et refuseront encore longtemps de se considérer comme des otages, persuadés qu'ils sont de pouvoir quitter les lieux à leur guise…

2. Djo-djé est la prononciation qu'ils ont adoptée pour mon prénom.

Almudjahid, le plus mûr et le plus sage, m'explique exactement ce qu'ils veulent. J'arrive à le persuader que cela ne marchera pas, les crochets de la sangle ne sont pas compatibles. La furie s'estompe. La colonie retourne à sa " mangeaille " et à ses occupations.

Le calme apparent qui régnait depuis le début est écorché. La violence subite de cette meute est un avertissement. Quelques tirs dans nos oreilles fermeront le ban. On se protège derrière le rempart de notre moustiquaire.

20 juillet 2000, 12e jour

Quand il ouvre la bouche, on ne voit que ça. Une dent jaune de travers esseulée sur la mâchoire supérieure. S'il se prend à rigoler, on en découvre d'autres, éparpillées au hasard, et on se dit qu'un chewing-gum en ressortirait indemne. Avec son petit ventre à l'air et sa poitrine imberbe, son fusil toujours en bandoulière, ce maton de pacotille devient notre plus fidèle compagnon. Il passe comme les autres sa journée à observer les poils de nos corps et contempler assidûment les rondeurs de mon slip sous mon pagne. De temps en temps, ils me tapotent furtivement le ventre ou laissent une main couler sur mon avant-bras velu. Je laisse faire et l'écarte docilement. Après tout, il y a une femme parmi nous, et il vaut mieux pour elle qu'ils gardent leur frayeur de puceaux. Alors je ne m'offusque que légèrement à leur œillade et au léger rebond de leurs sourcils chaque fois qu'ils pensent installer une petite complicité.

La journée parfaite se décline ainsi : café, gym, rivière[1] (toilette et lessive), petit déjeuner, atelier de lecture ou d'écriture, déjeuner, sieste, atelier de nouveau, dîner, soirée bougie (entre rêves et méditation), dodo. Ce sont ces journées que rien ne vient perturber qui sont les meilleures. Tout accroc dans ce programme est une écorchure. Une visite, un colis, et c'est un peu plus d'encombrement, un peu plus d'installation, une sorte de prolongation de bail. Le dénuement, le manque, l'inaction rassurent parce qu'ils font croire à une précarité qui ne peut pas durer. En attendant, on préfère goûter le calme du temps et ne pas le perdre en agitations inutiles. Même la lecture est un artifice. On ne suit pas le cours de l'histoire, on se contente d'apprécier le style de l'écriture. La belle prose, ça en impose. Et le chat noir, queue mi-longue, continue de vaquer en miaulant, semblant désespérément chercher à rameuter ses puces.

22 juillet 2000, 14e jour

Un peu d'ingéniosité améliore l'ordinaire. Du bois, quelques pierres, et voilà un banc et une table. On s'ins-

1. À une vingtaine de minutes de marche de notre camp, des gardiens en armes nous accompagnaient à cette rivière où se retrouvaient les femmes du village faisant leur lessive, les hommes lavant leurs chevaux, et tout le monde se baignant au milieu.

talle. Sur le chemin de la rivière, les vaches s'écartent sur mon passage. Elles doivent sentir en moi poindre l'idée de fauteuils en cuir et font gaffe à leur peau. Je me suis laissé prendre par deux bouquins : Carlo Levi, *Le Christ s'est arrêté à Eboli*, et Marguerite Duras, *Les Petits Chevaux de Tarquinia*. Je ne croyais pas cela possible. Je m'y suis échappé, presque à regret, mais sans pouvoir me retenir. Notre bibliothèque devient trop riche et accapare nos longues journées calmes. Soir et matin, les morveux déchargent sans compter leurs pétoires vers le ciel dans un raffut hystérique. C'est leur bêtise qui est la plus dangereuse. D'autant plus que le chef du camp est le plus représentatif de cette débilité générale, et lui, on se le coltine toute la journée depuis que la malaria s'en occupe. Il passe avec ses quelques sbires son temps à chasser les noix de coco au M16 ou à trouver de nouveaux rythmes à la mitrailleuse. " Connards ! "

Tous ces coups dans les tympans perturbent un peu la concentration, même si nous les ignorons ostensiblement.

Ce n'est plus une sensation de chute, mais l'impression de s'enfoncer, de couler sans être sûr de vouloir revenir à la surface. Ce n'est pas de l'abandon, mais l'idée que l'issue passe par le fond. Une grotte secrète à atteindre dans une sorte d'apnée.

Depuis quelques jours, nous parlons peu. Nous sommes en harmonie, mais chacun vit son truc. Les mots échangés sont toujours des mensonges, mais chaleureux, complices, presque décodés. Et la gym du matin est de plus en plus sérieuse. Moi, je dirige, et on lève la jambe en rythme. Abdos, fessiers, pompes, faut rester présentables. Et puis on voudrait tellement que les nôtres, prisonniers de leur angoisse, arrivent à résister qu'on leur doit de tout faire pour revenir beaux et en forme. Il faudra tellement les réconforter et s'occuper d'eux. Ils le méritent, et on le leur doit.

24 juillet 2000, 16e jour

C'est un nouveau qui m'y a fait penser. Oui, notre garde rapprochée a changé. Globalement plus âgée et, peut-on l'imaginer, amplement plus conne. Dans le tas, près du feu ce matin, ce bizuth qui a fait des études en Arabie Saoudite me dit : “ Vous allez peut-être rester ici un an. ” Et je me suis souvenu d'une matinée à Bangkok où, après un long massage au Wath Pô, je me suis laissé entreprendre par un vieux mage qui, avec cartes, signes du zodiaque, lignes de la main et un interprète, m'a prédit l'avenir. À ma grande surprise, beaucoup de ses élucubrations se sont vérifiées au cours des années. Une aventure, un divorce, un prix renommé, des dangers toujours bien conclus, etc., et, entre quarante-cinq et cinquante ans, une longue retraite. Il voyait cela dans le coin, en Asie. Il ne savait pas si ce serait une période de méditation bouddhique ou autre, mais il voyait une ascèse, longue, il parlait d'une année. Et comme, depuis, l'idée de me faire moine ou bonze ne m'a toujours pas effleuré, cette prédiction a surgi comme un flash. Et si c'était ça ? Si ça devait durer un an ? Est-ce la durée nécessaire pour refaire tout l'intérieur ? Vais-je devoir payer mes impôts aux Philippines ? Les vols Air France sont-ils toujours surbookés ? Qu'est-ce qui peut remplacer les sardines ? Le toit ne tiendra jamais sous la pluie de plus en plus présente. Mes pieds vont-ils être bouffés par la merde de leurs crachats qu'ils n'arrêtent pas de répandre au gré de leurs déambulations ? Et surtout, que va-t-il advenir de Catherine, de Ryan, de maman, de tous ceux qui nous attendent ? Alors j'ai tendu un hamac, fait un café, pris un tronc en guise de bar et allumé une cigarette. Quatre décisions fermes, précises et rapides, accompagnées à la guitare par un nouveau qui joue le même air de film que " Brain Damage ". Et j'ai somnolé. Si ça doit durer un an, autant commencer lentement et calmement.

Les chrétiens philippins ont voulu partir hier. Pour la première fois, ils ont compris qu'ils étaient otages et non en visite de courtoisie comme ils le prétendaient. Nous, ça nous embête qu'ils soient toujours là, d'abord parce que leurs chansons on les connaît par cœur, mais surtout parce que leur cahute est neuve, propre, et serait super-spacieuse pour nous trois, à l'abri des parlotes et des puanteurs nocturnes de nos nouveaux colocataires. Il ne faudra pas vingt secondes après leur départ pour que l'on investisse les lieux. On en rêve, on en bave d'envie, et on les reluque de travers. Partez, nom d'un miracle de Jésus ! Je vois déjà un coin-douche avec deux couvertures de survie et des bouteilles, une étagère avec les cartons pour nos vivres, notre pharmacie, notre bibliothèque et les trois slips de rechange chacun. Et puis un bureau, avec un tabouret pour écrire sans être illisible. Alors un an, je veux bien, mais je viens d'exposer mes conditions ! Sans les chrétiens, nom d'un miracle de Jésus !

27 juillet 2000, 19e jour

La lecture, ça vous bouffe le temps, et ça ankylose l'esprit (j'espère que personne ne lira jamais ça !). Entre les différentes activités incontournables pour la survie et la lecture, plus de temps pour soi. On voudrait avoir tout lu avant pour ne plus avoir à le faire, mais c'est terrible car, en plus, les bouquins, ils sont bien. Et puis il y a eu les rencontres. Les trois autres Français, otages depuis trois mois, nous ont "visités" ce matin. Ils proposent un stage de survie et des conseils en tout genre pour se débrouiller en jungle. Sympas ; ils ont la pêche et ne croient plus à grand-chose côté négociations. Ensuite, Robot est venu calmer les Miraculés de Jésus dans leur deuxième tentative de départ. Encore un loupé. Zut !

Pour nous, il a dû improviser pour trouver une revendication. Il veut, outre un million de dollars US pour chacun de nous, le départ du maire de Jolo. Mais ça, il a dû se concentrer longuement avant de le trouver et on a perdu encore du temps. Il n'a plus d'électricité pour recharger les batteries de notre téléphone satellite. On ne sait pas si c'est vrai, mais comme il s'en servait pour négocier, on peut imaginer qu'il trouvait que ça allait un peu trop vite pour son esprit. Donc, changement de tactique, il nous fait écrire au négociateur philippin, quand il trouve une idée. Ça nous promet de ne pas le voir très souvent. Alors aujourd'hui, on en a profité pour multiplier nos " requests[1] ". Tomates, oignons, pains, papier-toilette, hamacs, clopes, poulets avec leurs œufs, etc. Il en a pour un bout de temps !

29 juillet 2000, 21e jour

Je ne voulais pas vous embêter avec nos ennuis logistiques, mais, si je n'écris pas ça, je vais avoir la rage pendant des mois ! On nous envoie des colis de l'île voisine (nos collègues), mais sur le dernier pas de noms, juste celui de la messagère. Or, il y a de nombreux otages alentour, et ce dernier colis nous a été livré par les

1. Toutes nos demandes devaient faire l'objet de requêtes écrites, qui étaient censées parvenir ensuite à Robot qui nous promettait de les satisfaire. Comme pour tout, la multiplication des intermédiaires permettait à chacun de se défausser, et ces " requests " sont souvent restées lettre morte.

accompagnateurs de l'autre groupe. Nous leur avions trouvé la mine réjouie, et on s'est souvenu ensuite que leurs chaussures neuves aux pieds ressemblaient étrangement à celles décrites par nos amis de France quand ils étaient allés les acheter à notre intention. On se surprend à penser que peut-être – et on ne peut leur en vouloir puisque les paquets ne sont pas bien libellés – ils sont en train de bouffer nos conserves et de porter nos slips ! Ça nous fout dans une colère telle qu'on a doublé ce matin la séance de gym, et on n'avait jamais levé la jambe aussi haut[1]. Hier avait également connu un coup de nerf. Un nouvel autochtone au tee-shirt jaune, pistolet dans le froc, est arrivé avec son clone, plus petit, tee-shirt bleu, appareil-photo en bandoulière. Nous avons refusé d'être pris en photo mais, sournoisement, l'indigène miniature en a tapé une ou deux. Je lui ai donc emprunté l'appareil pour continuer la série, et subrepticement ai enlevé le film de l'appareil. La crise. Inutile de préciser que le pistolet n'est pas resté longtemps dirigé vers les valseuses du primate et, dans un geste digne de Clint Eastwood, avec la rapidité de Lucky Luke, il a posé l'arme sur ma tempe, pressé la détente en déviant le tir au dernier moment, sans réellement vouloir faire mouche mais en atteignant assez intensément les tympans.

1. Ces élucubrations se révéleront fantaisistes le lendemain et seront l'occasion d'une bonne rigolade avec nos compatriotes.

Comme ça nous avait bien réveillés, on est allés prendre un long bain dans la rivière. En effet, l'avertissement nous impose d'en faire la dernière apparition de la force, maintenant vient le règne de la Beauté.

2 août 2000, 25e jour

Routine. Les journées se ressemblent, bien sûr, c'est leur qualité, mais elles passent trop vite. On a du mal avec les dates et le décompte. Il paraît que c'est le vingt-cinquième jour. Et il semble que, pour que cette expérience porte ses fruits, il faudra effectivement que le décompte se fasse en mois. On vit en ce moment une sorte d'étale. Pas de sensations nouvelles, pas d'intérêt particulier, pas d'enrichissement. La cohabitation, bien que parfaitement harmonieuse, est un handicap à la méditation. Elle enrobe la journée par une sociabilité de bon aloi, alors que l'on voudrait pouvoir se retrouver seul avec soi. Au lieu d'avoir la tête libre, la conversation nous fait tourner en rond. Même les courriers : puisque beaucoup n'arrivent pas, il faut les répéter, au risque d'envoyer trois fois la même lettre et de créer la stupeur à l'arrivée[1].

1. Autant nous recevrons assez régulièrement au début les paquets que l'on nous envoie, autant nos courriers en retour resteront souvent en souffrance entre les mains de Robot qui les " oublie " ou les " égare ".

4 août 2000, 27e jour

Alors qu'il s'était accroupi devant nous, je lui ai demandé ce qu'il avait à " looking at us like monkeys[1] ". Il a mal compris et a pensé que c'est lui qui était le singe, ce qui de fait était une forme de lucidité de sa part. Pas de pot, c'est le livreur, l'un des plus diplômés du coin, il a apparemment le permis de conduire. Alors la punition ne s'est pas fait attendre. Depuis quatre jours, il livre aux Miraculés de Jésus des tonnes de ravitaillement, et nous n'avons toujours pas les quatre pains réclamés il y a une semaine. À croire que j'ai assez mal assimilé les vertus du silence.

6 août 2000 , 29e jour

Ça ne rigole plus. Robot et Mudjib ont menacé des otages de l'autre groupe. L'inquiétude est maintenant permanente, une terreur sourde s'est emparée de nous. Un bruit de moteur est perçu comme une alerte. Le nom de Robot évoqué par un môme, comme une sentence. Jusque-là, la dérision nous avait aidés. Le ton a définitivement changé. Nous savions avoir affaire à des bandits, pas à de potentiels salauds. L'horreur est que je suis presque certain qu'ils vont passer aux actes, et ça, je ne sais pas comment gérer. Ni l'avant, le peut-on ? ni

1. " nous regarder comme des singes. "

l'après. On est tombé dans une frénésie d'écriture, le stylo sautant sur la feuille comme pour désamorcer le temps et surtout ne pas y penser.

Deux colis, du courrier, deux poulets ont heureusement réchauffé cette soirée, mais l'attention devra être de tous les instants. À la moindre phrase, on se sent agressé, et les visages traduisent une angoisse permanente. On se retrouve, paradoxe total, dans la même position que tous ceux qui nous attendent. De victimes, on devient témoins impuissants d'un drame annoncé. On est démunis, désarmés, on se sent nuls et on fixe, hagards, cette terrible réalité qui se profile devant nous, sans même pouvoir se réfugier derrière le doute. Et pourtant, il va encore falloir écrire à nos proches, à nos amis, en trouvant l'inspiration de la dérision pour les tenir, les rassurer, les sauver de leur cauchemar.

7 août 2000, 30e jour

Imaginez-vous partager votre cellule avec des condamnés qui tremblent en se raccrochant à une grâce improbable. Imaginez-vous menacé dans votre chair et vous protégeant en abandonnant consciencieusement toute séduction, essayant ostensiblement de vous enlaidir. Imaginez-vous regretter l'amertume et la mélancolie douceâtre du mois qui précède. Il y avait quelque chose de définitivement beau dans cette vie. La sauvagerie, la vie primaire, l'air, la jungle, le sourire animal de tous ces enfants guerriers, leurs naïves illusions, leur naturel rustre mais docile. Ce vieux à la voix sage se promenant avec sa vache et faisant irrésistiblement penser à Fernandel avec sa joviale faconde, sauf qu'en l'occurrence, là, c'est moi le prisonnier. Même les allumés de Jésus avec leurs mélodies incessantes participaient d'une certaine harmonie. Il y avait une onde de sérénité dans ces journées rythmées par le soleil, les lézards, les cigales et le rire des chauves-souris, les puces du chat noir, disparu depuis, les laissant derrière lui. Ce n'était pas l'extase, mais cette vie d'ascète avait quelque chose de purifiant. Pureté ! Voilà où est la fracture. Dorénavant tout est vil. Même les cons qui continuent de geindre qu'ils " love their god " m'insupportent. Qu'est-ce qui avait pu nous faire croire que cette détention ne serait juste qu'une salle d'attente ? Désormais, tout geste, toute parole, toute action ne seront que factices, maquillage, comédie. Il va falloir être fort.

8 août 2000, 31e jour

Elle accourt à toutes jambes vers l'appel de son partenaire plein de promesses de délices. Mais j'ai refermé du pied l'entrée du nid nuptial. Il n'a pas pour autant arrêté son infernal crissement, et elle, folle de désir et d'amour, tourne frénétiquement autour de ce bruit, totalement déboussolée, ne comprenant rien à la perverse intervention humaine, à son plaisir jaloux d'observer la cigale amoureuse. Les hommes, eux, continuent de s'envoyer des “ Allah u Akbar ” contre des “ Alléluia ”, les fous d'Allah contre les fadas de Jésus qui ne comprennent rien à l'amour.

9 août 2000, 32e jour

Tout se précipite et tout fout le camp, sauf nous. On est venu nous dire cette nuit que ce serait pour bientôt. Ça va contre toutes mes prévisions. Je pensais superstitieusement que je serais libéré le lendemain du jour où j'aurais fini complètement ce carnet, et j'en suis à peine au tiers. Je n'ai pas l'intention d'écrire jour et nuit à partir de maintenant, je n'ai pas tant de choses à dire. Enfin les autres otages avaient déjà eu des échos de la sorte, et ils sont toujours là. Ils ne croient plus rien, et nous suivons leur enseignement. Disons alors que c'était peut-être une façon de célébrer notre premier mois de détention.

Mais cela précipite aussi l'inquiétude. C'est toujours dans les derniers moments que ça foire, que nos ravisseurs peuvent se lâcher et commettre des saloperies. Alors la tension est encore montée d'un cran. Surtout que c'était la première fois qu'un véhicule venait de nuit dans notre campement. Panique !

À Paris, ça foire aussi. Le bordel dans les courriers qui se perdent, se croisent, se dépassent, à faire croire à certains qu'on ne les aimait plus. C'est ce qu'il y a de pire dans ces circonstances. Tous nos efforts pour les soutenir foutus à l'eau par les aléas des passeurs locaux. Il va falloir remettre de l'ordre dans tout ce bordel, alors excusez-moi, j'arrête d'écrire, il faut que je réfléchisse, et j'ai perdu l'habitude !

DEUXIÈME PARTIE

10 août 2000, 33e jour

On s'était juré le contraire, on est tombé dedans comme des gamins. Dorénavant, seuls sont admis dans le club du FLOP (Front de Libération des Otages des Philippines créé par mon collègue Roland Madura) ceux qui n'en font pas. Exit les Libyens. Mais intimement, on y avait un peu cru, regardant de plus près nos affaires, les organisant un peu pour être sûrs de décaniller en cinq minutes si ça se présentait. Nous entrons donc dans une nouvelle phase, il va falloir aller chercher en nous des résistances que nous ignorons. L'observation de soi redevient intéressante. Comment est-ce que ça va bouger ou se figer là-dedans ? Maîtriser, gérer… des mots qui n'ont plus de sens. Jusque-là, la raison primait. La dérision était maniée comme une arme. Rien ne semblait pouvoir nous atteindre. Je m'étais refermé comme l'huître, et à l'intérieur, j'étais bien. Mais là, soit la carapace est fêlée – et il va bien falloir sortir de soi-même pour mieux savoir ce qu'il y a dedans –, soit les muscles se sont distendus, et la coquille entrouverte me découvre nu, sans fard, m'imposant d'être moi-même, vrai et entier, mais ignorant tout de ce que je suis réellement. " Tout homme est capable de nudité, toute émotion de plénitude ", dit André Gide. On va bien voir.

13 août 2000, 36e jour

Et si tout cela n'était que d'une incommensurable banalité. Quelques gus retenus dans une jungle hostile. Oui, bon ! Une rançon ? Normal ! Des tractations et bidouilles, avec plein de volontaires prêts à payer pour se faire valoir et reconnaître ! Habituel ! Un refus d'un gouvernement ne pouvant supporter tant d'argent dans les mains de bandits qui prétendent être un mouvement de guérilla, et surtout parce qu'ils prétendent à la guérilla. Naturel ! Donc des négociations, ça oui, tout le temps, avec des milliers d'ingrédients pour que ça ne marche pas. La seule arme face à la prise d'otages, c'est le temps. Il faut, pour ne pas perdre la face, que l'issue soit la plus difficile possible pour les ravisseurs afin que la mode ne prenne pas trop vite, même si elle tend à se répandre. Donc, le temps, la durée. Jouer de toutes les roueries pour prétendre être prêt à céder, ce qui tend à calmer le jeu et assurer notre sécurité, et tout faire pour que ça capote chaque fois. Il suffit d'être persuadé que nous ne sommes pas grand-chose, ce dont je suis convaincu depuis le début, pour ne plus se faire d'illusions. Comme la solution n'a pas été trouvée très rapidement, le processus enclenché sera maintenant très long. Ce qui m'amène à cette conclusion en forme de lapalissade : “ Plus ce sera long, plus cela va durer !... ” Et réciproquement.

Il faut donc s'inscrire dans cette banalité, en éviter les pièges, organiser l'attente en excluant l'idée de délai. Être prêt tous les jours à ce que cela s'arrête tout en développant un projet chaque jour avancé, dont le but ne peut être que son propre déroulement. Tout cela pour ne pas sombrer dans la morosité, sans enlever l'amertume du quotidien qui est l'ingrédient principal de ce voyage. Trouver ce projet est déjà tout un programme en soi. Commençons par établir des règles, mises bout à bout ces règles finiront peut-être par définir le jeu. Mais comme il s'agit avant tout d'un voyage vers soi, les règles devraient également permettre de définir le “ Je ”.

Règle n° 1 : sourire et se sourire. Comme je n'ai pas un rictus très naturel et que mon sourire était jusque-là une denrée dont on m'a souvent reproché d'être trop économe, ne croyez pas que cette règle soit la plus simple. Il y a d'abord le contexte qui ne s'y prête pas toujours, et il y a le temps qui ne s'écoule pas toujours très vite, il y a le risque d'oublier. Mais ça me semble devoir être une thérapie, qui plus est contagieuse. Un sourire engendre bonne humeur et réconfort qui doit rejaillir sur les autres. Et comme les Asiatiques qui nous entourent en ont un presque génétique quels que soient leur humeur et leurs sentiments, il suffit de se laisser imprégner, en y mettant à leur égard autant d'hypocrisie.

15 août 2000, 38e jour

Hier, un négociateur libyen, à nouveau plein de promesses. Aujourd'hui, on nous annonce des combats avec l'armée philippine à trois kilomètres d'ici. Les zygomatiques sont mis à l'épreuve. Le Libyen, c'est la libération assurée, puisque cela fait trois mois qu'il l'annonce aux autres. L'armée, c'est la guerre et la mort assurée, et mon sourire sera pour les anges – et dans la confusion des genres qui règne ici, je risque d'en rencontrer de barbus enturbannés qui habituellement ne me font pas rire. J'espère seulement que, comme on a réussi à acheter un poulet et des tomates fraîches, on ne partira pas avant l'heure du déjeuner. Crever le ventre plein, c'est mieux, au cas où il y aurait la queue là-haut.

La règle n° 2, donc. J'y ai pensé, je l'ai cherchée. Elle fait suite à cette évocation, c'est de vivre en dehors de soi, de se situer en dehors du temps et de l'espace, en regardant avec humour l'énergumène qui se démène sous les cocotiers. Pour cela, l'une des méthodes consiste à s'occuper le plus possible des autres, sans être envahissant, cela va sans dire. Mais un maximum de prévention, un peu de zèle dans la préparation du quotidien. Cela rejaillit immédiatement et, en s'oubliant au profit des autres, en fait on se flatte. Donc je replonge de plus belle dans la bricole et la cuisine, et à propos, veuillez m'excuser, mais il faut que j'y aille. (C'est la fête de Maryse, en plus !)

16 août 2000, 39e jour

La guerre pour nous trois n'a pas eu lieu. En revanche, qu'est-ce qu'on a mangé ! Ce matin, on a forcé sur la gym pour rattraper. Les journaux annoncent que le président philippin rejette l'emploi de l'armée pour nous libérer tant que toutes les méthodes plus sûres n'ont pas été essayées. Ce qui prouve qu'il ne se fait pas d'illusions sur le résultat d'une action militaire. C'est un visa pour tout le monde chez saint Pierre. On entend des mots épars sur notre piètre radio, mais qui confirment que l'on parle beaucoup de nous. Ce qui est sûr, c'est que si on nous enterre, ce sera avec les honneurs. En attendant, la situation s'est durcie. Pas de colis, pas de lettres depuis une semaine. La vanne semble s'être refermée, à moins que les passeuses, croyant à notre libération, n'en profitent pour tout garder pour elles (lecture comprise !). Et on n'a plus le droit de correspondre avec l'autre groupe d'otages[1]. Dommage… La lecture des mots de Marie était toujours un moment délicieux. Elle a un cran, un moral et un humour qui désarmeraient toute une armée de bandits !

Et puis on nous annonce encore une fois le départ des

1. Presque chaque jour, Marie Moarbès nous faisait parvenir une lettre pleine d'entrain et d'humour, racontant les derniers ragots de la jungle sur les négociations et les humeurs de chacun. Nous lui répondions régulièrement.

inconditionnels du Christ. Va-t-on enfin pouvoir s'installer chez eux ? La promiscuité avec nos voisins de palier commence à peser. Il faut dire qu'ils se soulagent simplement en se mettant au bord de la cahute ! Je sais que ce n'est pas très joli à raconter, mais ce sont des émotions qui finissent par vous imprégner.

La pluie, torrentielle et continue, est venue laver tout ça, compromettant une nouvelle fois le départ des Miraculés. Décidément, ils ont beau prier, le ciel ne leur sourit pas.

18 août 2000, 41e jour

Bonne journée. Comme on ne veut plus écouter les rumeurs, on fait comme si on s'installait pour durer encore. Grand ménage et rangement dans nos diverses conserves, médicaments et ustensiles en tous genres. C'est presque un étage de la Samaritaine. Et puis, cet après-midi, on a reconstruit la douche, démontée lors de l'alerte du 15 août, et j'ai rasé Roland à qui on a conseillé de ne pas garder son look " otage ", aujourd'hui surfait. Comme presque tous les jours, on nous annonce le départ des champions de la béatitude mystique pour demain. Il est temps, je n'ai plus de mots pour parler d'eux. Hier, toute la journée, j'ai médité sur les grands moments heureux ou douloureux qui ont rempli ma vie, où l'on s'expose plein et entier et qui finalement ressemblent un peu à ce présent. En vrac, les levers et les couchers du soleil en mer dans l'incomparable beauté de la baie d'Along, des journées entières à se perdre dans les temples d'Angkor, des nuits à la belle étoile dans le désert tunisien ou dans des villages isolés, à une heure de tout axe routier, au Burkina-Faso, des nuits presque entières de poker sous les bombes à Sarajevo, des nuits sur le sable dans le Tchad en guerre, des kilos de langoustes dans un Mozambique en famine (honte), des élevages de singes tenus par un Canadien et une Anglaise au milieu du Liberia ravagé par la guerre civile, des champs de cadavres dans les marais de Bassora pendant la guerre Iran-Irak, avec une lumière sépia qui vous jette dans une autre époque due aux cendres qui flottent dans l'air soulevé par les bombes, les journées sans soleil dans le Koweït en feu, où seule une barre blanche à l'horizon éclaire les quelques arbres décharnés qui apparaissent blancs sur fond de ciel noir, la prière des Qataris près de leur AMX30 avec leur masque à gaz pendant une alerte durant la guerre du Golfe, quinze jours avec des délinquants en réhabilitation qui traversent les États-Unis en roulotte et dorment dans des tipis indiens, de grands *mezze* dans les restaurants en terrasse de Damas, les sommeils étonnamment profonds que l'on a à Beyrouth où les bombes ne vous réveillent plus, ma chatte adoptée pendant un mois à la frontière du Koweït et qui m'avait fait huit petits quand je suis repassé, l'incroyable match de foot avec le capitaine Sankara, président de l'époque à Ouagadougou, le laboratoire d'héroïne dans la plaine de la Bekaa, à deux pas de Baalbek, le village perdu de la Guyane où l'on paye sa bière avec de la poussière d'or, les restaurants lugubres de Douchanbe, au Tadjikistan, où il y a autant de kalachnikovs à l'entrée que de vodka frelatée sur les tables, l'autoroute déserte, traversée paisiblement par une famille de canards, entre Turquie et Syrie avant la guerre du Golfe, l'immense et convivial dancing de Phnom Penh devenu mosquée un an après, la prison de N'Djamena qui s'ouvre à nous parce qu'on fait croire qu'on a l'autorisation, les étalages de faux médicaments filmés clandestinement dans les marchés tortueux et coupe-gorge d'Abidjan, les cabarets de Buenos Aires délirants pendant la guerre des Malouines, l'hôpital de Punta Arenas, ancien centre de torture, où le docteur Ross et le docteur Pinochet opèrent Jo Le Guen, Dili désert et en cendres, ravagé par les soldats indonésiens, les collines alentour où la population s'est réfugiée, et la traversée du Timor qui ferait une île touristique merveilleuse, l'île Denis, aux Seychelles, juste assez large pour qu'on y ait taillé une piste d'atterrissage pour bimoteurs, l'hôtel Hoa Binh (de la paix) à Hanoi et les soupes de tamarin à la terrasse du Rex à Saigon, les meetings de Marcos et de Cory Aquino à Manille, ceux de Reagan aux États-Unis, tous en campagne pour la présidence de leur pays, la sinistre prison modèle et son broc de soupe dans l'URSS en pleine perestroïka, les camps palestiniens dans Beyrouth, ruines en surface et quatre étages en sous-sol, rarement visités, et si d'autres me reviennent j'en parlerai aussi. J'ai évidemment écarté tout l'intime et le personnel. Alors, qui ne voudrait faire ce métier ? Plus j'y pense, moins je peux imaginer une vie différente, si pleine et si intense, toujours là où le pouls de la planète bat plus fort, si imprégnée de la planète et des hommes que l'on a du bonheur à s'y oublier.

19 août 2000, 42e jour

La grande mascarade se met en place. Le triomphe du ridicule à la une de la presse. Cette fois, RFI[1] annonce minute par minute un scénario pour aujourd'hui, avec remise officielle des otages et étape clownesque à Tripoli. Je prie pour ne pas être de ce voyage. Otage d'accord mais pas bouffon. Et puis je commençais à penser à des choses bien et positives. Pourvu que j'aie au moins la journée pour continuer. Je voudrais parler de tous ces voyages et de tous ces souvenirs. Bien sûr ça fait riche, néanmoins ce n'est que leur globalité qui en fait la valeur. En réalité, ces rencontres ne sont souvent que des flirts, on passe trop vite, très intensément certes, et souvent au cœur de l'action ou des gens, mais à peine défloré, tout juste reniflé, on repart parce qu'on

1. Radio France Internationale émet en ondes courtes dans le monde entier, et accompagne depuis vingt ans mes reportages.

n'a pas le temps. Souvent toutes ces images sont autant de frustrations. C'est pour cela que le souvenir d'un instant, d'une impression, d'une lumière, est si fort. Le " senti " prime sur un réel vécu. C'est aussi une particularité des hommes de l'image. Le grand complexe est d'être à la fois entier avec ses interlocuteurs et transparent pour les saisir dans leur vérité. Voir sans être vu, c'est banal, mais c'est notre quotidien. Une caméra qui aime les gens se reconnaît après trois images. Elle effleure, elle caresse, elle accompagne, elle compatit mais n'agit pas, ne force pas, ne transforme pas, ne met pas en scène. Dans ce souci de transparence, l'homme s'efface pour faire oublier sa machine, et la rencontre s'effectue souvent à sens unique. On reçoit, on regarde, on sent, on prend, on ne donne rien. C'est une responsabilité professionnelle, presque un sacrifice, de transmettre, de témoigner, de lutter sans faille contre le silence et l'oubli, mais de ne rien toucher, ne rien transformer. C'est une vocation, pas toujours respectée, pas toujours réussie. Alors, ce que l'on garde par-devers soi, ce sont des amours jamais révélées, des êtres que l'on a détaillés, décortiqués, mis à nu jusqu'à en pénétrer la chair, la douleur ou la gaieté, sur lesquels on s'est acharné comme avec un scalpel, qui semblent ne plus avoir de secrets pour nous, et pour lesquels on n'est rien, on n'a jamais existé. Pas étonnant que l'on désire rencontrer l'homme dans son extrême, dans les situations où la vie transcende les faits. La vie n'est jamais plus forte, plus vive, plus présente que dans la guerre. Il y a une magie difficile à exprimer dans une ville où chacun est à égalité sous les bombes. Il faut un certain temps pour recréer des classes de nantis, ceux qui vont se débrouiller pour plus de nourriture, de meilleurs abris, qui sont les plus débrouillards ou les plus braves. Toute hiérarchie ainsi bousculée, chacun se révèle un peu plus profondément et la société perd ses anciennes structures, tout est à réinventer. C'est exaltant à vivre, à suivre, les rencontres y sont passionnelles et on est systématiquement hors du temps. Aucune guerre ne se ressemble, mais, dans leur laideur et leur haine, les hommes sont les mêmes qui la décident, dans leur grandeur et leur courage, les peuples sont les mêmes qui la subissent. Il faut toujours évidemment distinguer dans ce que je dis les populations dans la guerre et les hommes qui l'ont provoquée. Pour ces fous, ces fadas, ces fanatiques ou plus souvent ces brutes épaisses au ciboulot mal détartré, la démagogie et le discours sont toujours les mêmes. Ils défendent de pauvres gens victimes de méchants mais toujours à leur seul profit. Même si cela semble naïf, vous trouverez dans tous les conflits de richissimes leaders qui, sous couvert de politique, de religion, d'ethnie ou de nationalité, font fructifier leur compte en Suisse ou l'équivalent. Ceux-là aussi, je les ai côtoyés, je peux vous dire qu'ils sont ennuyeux.

20 août 2000, 43e jour

Mais la mère qui va monter seize étages avec une poubelle d'eau pour la jeter, geste dérisoire, dans son appartement en feu... l'enfant qui se cache derrière un ridicule panneau publicitaire sur " Sniper Avenue " à Sarajevo pour que le tireur à l'ouvrage ne le voie pas... cette femme qui traverse à pied cent mètres de *no man's land* en ruine entre quartiers chiite et palestinien pour rejoindre son fils à Beyrouth... Kanta, notre interprète khmer, cherchant sur les murs tapissés de photos d'identité du centre de torture de Tuol Sleng au Cambodge celles de ses parents... ce médecin, l'un des seuls à être restés dans Koweït City envahi par les Irakiens pour soigner les blessés, rejeté et expulsé à la fin de la guerre parce que palestinien... cette femme enceinte descendant précipitamment de sa colline-refuge au-dessus de Dili, dans un Timor dévasté, et accouchant deux heures après... ce regard décharné, à la fois unique et innombrable, s'approchant de vous, l'enfant mort de faim dans les bras... tous victimes de la haine ordinaire, tous héros du droit de vivre à tout prix. Elle est là, la magie : la leçon permanente de courage, de dignité et de vie que vous recevez en plein ventre face à ce que la nature humaine vous renvoie quand elle est confrontée au pire.

Je n'aime pas les catastrophes naturelles. Nous n'y pouvons rien, nous n'y sommes que voyeurs pour satisfaire une curiosité publique malsaine, et en plus nous gênons les secours. Il n'y a que sur les événements dont les hommes sont responsables qu'il y a " intérêt " à témoigner. Il faut être humble et modeste quant à la portée de nos messages, mais, et c'est encore une banalité, le pire ennemi est le silence. Ce qui me hante le plus ce ne sont pas les horreurs que j'ai pu voir et filmer, ce sont toutes celles dont on sait qu'elles existent mais que l'on ne peut atteindre et dénoncer. Quand il ramène les faits sur la place publique, le journaliste a fait son travail. Aux opinions ensuite de faire bouger les choses.

Il est donc tout à fait naturel que je sois ici, et c'est sans doute pour cela que je me sens serein, parce que professionnellement je suis là où je dois être. Il serait singulier qu'au moment où j'écris cela la rumeur qui enfle de minute en minute devienne réalité. On est en plein cœur de l'ultimatum libyen[1], et l'on saura demain si cette histoire est finie ou si l'on re-signe pour un bail qui du coup risque de ne pas être précaire. Notre résolution de ne pas y croire est mise à rude

1. Les négociateurs libyens, Rajab Azzarouk et Mohamed Ismaël, n'ont pas désarmé après les échecs précédents, et il semble que le président Kadhafi soit prêt à déployer toute son énergie et son portefeuille pour tirer profit de cette médiation. Ce 20 août, on annonce officiellement que la libération de tous les otages a pris un peu de retard, mais qu'elle est confirmée et devrait intervenir "incessamment sous peu " ; scénario qui se renouvellera souvent.

épreuve, et les “ give me[1] ! ” se lâchent un peu plus. Pourquoi les “ give me ” ? Parce que, paradoxalement, tous ces petits improvisés guérilleros en herbe sont plus démunis que nous. Pour un sucre, un oignon, une tomate, une pile, une cigarette, un stylo, une feuille de papier… ils font leur apprentissage du racket.

21 août 2000, 44e jour

Les fourmis (elles sont assez grosses ici), si elles vous montent dessus et que vous les tuez, elles ne peuvent pas prévenir leurs copines du danger, et si vous ne faites que les gifler, elles vont leur raconter que ce n'est pas risqué. Elles sont bêtes, les fourmis, ici ; c'est normal, vu les hommes qu'elles fréquentent. Hier, il y en a une qui s'est chargée d'un grain de riz que j'avais laissé tomber, et elle se débattait dans la jungle velue de mes mollets pour me le remonter. D'un revers de main, je l'ai écrasée. C'est après que j'ai compris ce qu'elle faisait, alors, pour elle, j'ai regretté.

24 août 2000, 47e jour

Juste pour que vous ne perdiez pas le fil, et parce que ça fait longtemps que je vous ai laissés tomber : la tractation libyenne (du 19 au 21 août), vous le savez, a refait un flop,

1. “ donne-moi ! ”

mais les négociateurs ne lâchent pas le morceau. (Les Libyens essaient désespérément de se faire réhabiliter auprès de mon collègue Roland Madura, président du Front de Libération des Otages des Philippines, pour le réintégrer.) Les raisons, pêle-mêle : on a entendu que les Abou Sayyaf craignaient une intervention musclée de l'armée philippine après notre départ (quand je vous disais qu'ils avaient des éclairs de lucidité), ou pas assez d'argent ; et une autre, grotesque mais plausible, Robot et Mudjib voulaient partir avec nous et demandaient l'asile politique à la Libye. Ça vous distrait une journée, des rumeurs comme ça ! De notre côté, sans avoir la prétention de pouvoir aligner notre logique à la leur, si nous avons espéré un dénouement ces jours-ci, nous n'y avons pas réellement cru. Il ne nous semblait pas crédible de faire partie de ce voyage, et c'est d'ailleurs parce que, sur ce point, la partie adverse (en fait celle qui nous défend) était intransigeante que, du coup, tout le monde est resté. Nous, on a vécu ça sereinement. Nous sommes plus resserrés et complices que jamais. Les craintes et les frayeurs passées se sont un peu estompées, et la prévenance de chacun pour les autres agit parfaitement. On est dans un monde d'adultes, quoi ! Aujourd'hui, la visite d'un journaliste malais, assez paniqué mais sympa, nous a permis d'écluser avec un peu d'assurance une liasse de courrier de huit jours en souffrance. Il nous a lâché quelques infos plutôt positives sur les gesticulations qui se poursuivent, et tout ça a encore égayé le soleil qui, lui, est de retour.

TROISIÈME PARTIE

28 août 2000, 51e jour

Et si je me laisse aller à raconter uniquement ce qui se passe, ce cahier n'aura bientôt plus le moindre intérêt. Néanmoins, je ne peux passer sous silence le départ de Maryse, hier, un grand soulagement, et ce matin un faux départ ubuesque puisque les marmots venus nous chercher s'étaient trompés de bonshommes, ils devaient délivrer le Sud-Africain de l'autre groupe. Comme cette manœuvre ne fut factice que pour nous, les sympathiques zozos qui nous entourent, nous voyant disparaître, ont tout pillé en trois minutes, et nous voici bien allégés, Roland et moi. On a réussi à sauver la nourriture, confiée à la protection des fidèles de Jésus. Pour le reste, notre vie descend de quelques degrés dans la sauvagerie. Bien que ces changements soient d'importance, ils me laissent dans une indifférence difficile à décrire. Comme quoi une histoire comme celle-ci est bien une affaire personnelle et solitaire. La seule chose qui me gêne est que l'on perturbe la quiétude derrière laquelle je tente de me réfugier. Et c'est plus le cas que jamais puisque, après le quiproquo de ce matin, on nous a promis un départ dans deux jours. Il faut donc se forcer à ne pas y croire, alors qu'il serait préférable de ne rien savoir. Et le fil serein de mes souvenirs professionnels est donc rompu. Une fracture de plus, au moment où je commençais à retrouver mon entier.

Il me paraît donc de plus en plus que cette expérience ne peut être qu'un échec. Les bouleversements en profondeur viendront peut-être du traumatisme du retour. En fait, il n'y a que moi qui ne me fais pas peur. Je maîtrise la solitude de mon âme, mais ça n'est qu'un refuge ou un subterfuge. L'intensité de la confrontation à autrui, dans la pression du retour, ne laissera place qu'à l'improvisation. Ce n'est pas une renaissance. C'est un énorme dépouillement dont on ressort nu pour se faire aussitôt violer de toute part. Et je me sens devant ce viol, les délais semblant approcher, avec une presque envie de fuir et de disparaître à l'heure de la libération. Il faut donc maintenant que je réfléchisse et médite sur le courage qu'il va falloir trouver pour affronter ce passage au retour.

29 août 2000, 52e jour

Puisque le jeu en vaut peut-être la chandelle, j'ai décidé de vivre ce mardi comme une veille de départ, quelle que soit l'issue. Après tout, si je ne le fais pas aujourd'hui, je risque de louper ces sensations. Ce matin, donc, j'ai repris la caméra (qui marche comme au premier jour) et inscrit quelques images pour la mémoire. Et comme une dizaine de gamins nous ont accompagnés dans la gym, je les ai filmés au milieu de leurs armes en train de faire des pompes, sous la direction de Roland. C'était hilarant, drôle et délicieux, et tout à fait dans le ton d'une veille de départ. Ils sont ainsi, amicaux, presque affectueux, mais, dès qu'on risque d'abandonner quelques bagages, ils se jettent dessus avec une férocité égale à leur dénuement, et les plus responsables sont les plus gourmands.

Nous sommes restés dans notre cahute ce matin, ne rejoignant pas comme d'habitude le coin “ salle à manger ”, à trente mètres de là près des cocotiers, qui a été partiellement dévasté hier lors de notre faux départ, perdant en particulier la bâche qui l'abritait de la pluie. Alors le groupe qui crèche par là-bas s'ennuie de nous et nous appelle à grands cris. Bientôt, après une verte engueulade il y a deux jours pour des histoires de crachats (c'était les cinquantièmes rugissants), bientôt donc ils voudront nous garder par affection. “ Elle est pas belle, la vie ? ” répète à l'envi Roland qui en a fait notre cri de ralliement moral.

Est-il imaginable qu'il y ait du regret à ce que cela se termine, ou est-ce une vraie angoisse de la suite ? C'est entre les deux. Une sensation d'inachevé, liée à cette sensation d'échec. On ne se sent pas serein, calme et prêt à affronter le monde, alors que j'espérais peut-être que ce dénuement me conduirait à tout pouvoir préférer, tout pouvoir affronter, à tout pouvoir dépasser. Non, le monde ne m'attire pas. Il y a juste quelques personnes que je voudrais rejoindre, en fait en voulant leur faire partager un peu de ce calme et de cette nudité. Ça, ce serait un vrai cadeau. Faire venir l'être cher – et ça lui plairait, je n'en doute pas –, dans cette clairière et partager avec lui le calme intérieur. Ce serait une meilleure libération que d'avoir à affronter ensemble le tumulte de la foule, chaleureuse certes, si présente pendant toute l'histoire, mais dont certains n'auront pas la pudeur de la discrétion nécessaire.

3 septembre 2000, 57e jour

Il ne s'est rien passé et on est toujours là. On n'a pas dû être assez bon lors de la répétition lundi dernier ! Toujours est-il qu'il ne s'est rien passé, et qu'il ne se passe rien. J'ai même abandonné ce journal, car on n'aime pas se raconter quand ça ne va pas, et ça ne va pas très bien. Mais personne n'a jamais prétendu que cette histoire devait être facile. L'ennui est venu accompagner l'amertume, et l'on a du mal à s'échapper, la lecture, la dérision, et même la méditation sont bloquées. J'essaie de continuer à écrire au monde libre avec humour, mais là, il faut vraiment que je joue la comédie, et ça me gonfle presque. Je reçois tellement de lettres d'affection qu'il faut que je fasse l'effort, et l'effort d'être drôle, ça ne l'est pas, des clowns vous le confirmeront. Alors les journées s'empilent péniblement, et comme tout cela est normal et banal, il ne sert à rien de l'écrire et de le raconter.

Depuis le départ de Maryse, on retourne patauger à la rivière, notre diététique est bien réglée grâce aux colis, et il y a même eu une nuit blanche plus belle que les autres puisque passée avec Satie, Dire Straits, Verdi et Bach grâce à un walkman reçu dans un colis. Mais à peine Mozart, Paolo Conte, Vivaldi, Santana et Brassens nous avaient-ils rejoints (ils avaient eu vingt-quatre heures de retard, leur circuit ayant été détourné) que le " joli petit objet " a été réquisitionné. Je ne sais pas si je le récupérerai un jour, mais ça ne fait rien, il y a eu une nuit où j'ai fait une vraie boum avec tous les moustiques venus swinguer autour de moi, et c'était bien. Comme nous n'avons plus de moustiquaire, notre coin est effectivement devenu le paradis de tous les volatiles légers, car nous sommes, c'est bien connu, les plus tendres dans les environs... en apparence seulement.

5 septembre 2000, 59e jour

Finalement, chaque geste d'agression de leur part, souvent exprimé par le vol, me renforce et me libère de l'humiliation, voire du désespoir, que trop de prévenance et de politesse engendrent, révélant férocement l'impuissance écrasante dans laquelle ils nous enferment. On ne peut pas dire que cette captivité soit cruelle physiquement, mais ces petites humiliations aiguisent les résistances et font que l'on oppose à leurs mesquineries une indignation salutaire. Il a fallu que j'aille chercher loin en moi, et serait-il raisonnable de leur en savoir gré, pour trouver le courage de briser toute forme de sincérité. Ils m'ont appris le sourire ingrat, le double jeu des fausses amabilités, les prévenances intéressées, en un mot la diplomatie.

Jusque-là, le mensonge dû à mes compagnons était honorable, préservant l'optimisme, écartant les angoisses. Maintenant, le mensonge est permanent, la fausseté la règle. Il n'y a plus d'instant où la sincérité ait une place. Je voudrais qu'à ma libération, qui ne manquera pas d'avoir un retentissement médiatique, les caméras puissent diffuser le regard enfin sincère de haine et de fierté que j'adresserai à ces hypocrites qui n'ont pour force que leur lâcheté et leur manque de dignité.

On est loin de Stockholm[1]. Certes, il y a autour de nous des jeunes, d'apparence inoffensive, qui jouent, nous aident, parfois nous rendent de petits services, mais l'expérience montre que si un chef se permet la

1. Le syndrome dit " de Stockholm " est un phénomène observé pour la première fois lors d'une prise d'otages en Norvège : dans l'angoisse de l'attente, sous la pression des événements et dans la peur de mourir, les otages finissent par prendre leurs ravisseurs pour des protecteurs et leur témoignent de l'estime.

moindre incartade, ils se libèrent aussitôt et sont prêts à sauter sur nous et à nous dévaliser. Alors, pour marquer le territoire, je viens de refuser avec sévérité une boîte de savon liquide vide à deux gamins qui continuent à la convoiter comme un trésor. Tant qu'ils sont concentrés là-dessus, le reste est en sûreté.

7 septembre 2000, 61e jour

Ils m'ont redonné le courage de travailler. J'avale maintenant un livre par jour, et j'en ai tellement reçu que c'est une vraie boulimie qui me prend. J'ai sincèrement peur de ne pouvoir tout lire, et tout m'intéresse, de l'histoire de Mindanao pendant la Seconde Guerre mondiale à Marie Stuart, de Platon et Aristote à *La Grande Histoire des Français sous l'Occupation* que mon ami Henri Amouroux m'a fait parvenir, avec la biographie de Jean Moulin par Daniel Cordier. Il y en a pour un bout de temps et c'est ridicule, mais j'ai maintenant peur que le temps me manque. Nulle part mieux qu'ici on ne peut s'adonner à la lecture. On commence à cinq heures du matin après la prière de nos voisins de palier qui marque le lever du jour, jusque tard dans la nuit à la bougie. Seuls les trois quarts d'heure de sport (soixante et une pompes[1]

1. Depuis le 22e jour, je me suis engagé à faire autant de pompes que de jours de détention.

ce matin, je tiens le rythme), les rapides repas et quelques heures de courrier viennent interrompre le rythme. Je reçois des dizaines de lettres, un nombre incroyable de messages de soutien, assortis de propositions pour le retour. C'est ainsi que trois conférences m'attendent déjà, et il vaut mieux que je les prépare tout de suite car, après la libération, tout sera à l'avenant, et j'ai d'abord l'intention de me consacrer aux miens. Deux au moins, un cercle d'amis et mes collègues du prix Albert-Londres, sont intéressés par l'expérience humaine, et ce journal en contient les éléments. L'autre proposition, faite par l'Institut des Hautes Études de Défense nationale, dont j'ai été auditeur, est plus complexe. Que puis-je raconter qui soit de nature à élever l'esprit de défense que diffuse cet institut ? En quoi puis-je décoder la stratégie mise en place dans cette histoire par les États qui s'en occupent ? Ma position est sans doute la plus mauvaise, et ce n'est pas de la modestie mais du réalisme que de penser que je suis le plus mal placé pour cela. Je ne suis qu'une munition d'une arme, le chantage, manié par des analphabètes piqués des mouches se cachant derrière de farfelus arguments pseudo-politiques et se réfugiant derrière l'Islam depuis qu'un Hadj[1] tortueux les a mis au Coran. Pour eux, en fait, tout se résume à

1. Cette formule est approximativement empruntée à John Keats dans *Les Soldats oubliés de Mindanao*.

racket, viol, brutalité et piraterie, leur seul fait d'armes ayant pour trophée des noix de coco. Tout le reste nous passe au-dessus de la tête. Nous savons que nous servons de bouclier humain pour retenir une intervention de l'armée philippine. On nous dit parfois que les négociations achoppent parce que les négociateurs philippins veulent une part du gâteau, ce qui est plausible dans ce monde de bandits. Robot et Mudjib négocieraient un asile vers des terres aussi chaudes mais plus calmes, c'est simplement révélateur de leur ridicule.

Enfin, la Libye a étudié judicieusement un calendrier entre procès de Lockerbie et mise en cause de la responsabilité directe de Kadhafi dans l'attentat du DC-10 d'UTA (ce qui pourrait nous valoir une libération demain s'il s'agit d'en effacer l'impact médiatique, la décision de la Cour de cassation devant être prise ce 8 septembre, ou au contraire une prolongation de visa si les conclusions ne lui conviennent pas). À partir de là, tout le reste n'est que jus de crâne qui fermente au soleil de la jungle sans que les humeurs qui en sortent puissent prétendre révéler une once de vérité ou de réalité, elles-mêmes aussi vaporeuses et changeantes au gré des vents diplomatiques et des humeurs des aborigènes locaux. Ça ne peut être qu'aussi convaincant que les arguments de nos amis poètes de la foi philippins, toujours persuadés, les bras en l'air et la bouche en cœur, que ce sont leurs prières qui décideront de leur liberté.

Le seul signe tangible et fiable dans ces augures est

que j'arrive à quelques pages de la fin de ce carnet, et que tout doit finir quand j'écrirai sur la dernière feuille… à moins qu'il n'y ait un épilogue à faire en Méditerranée. Une fois cette histoire finie, je doute qu'il soit possible d'en écrire le réel dénouement. Tout ce qui se fait ne peut se dire, et ce qui se dit n'est que formalité. Même si chacun n'est pas dupe, les acteurs eux-mêmes de la négociation aux filières tortueuses ignorent l'ensemble des bakchichs en série qui auront été versés. La seule chose où je pourrais donc être un peu concret serait un mode d'emploi, un guide de conseils pour futurs otages. Style : bien choisir ses partenaires, préférer un climat doux, s'assurer de la bêtise de ses geôliers, privilégier l'humour et la dérision, ne pas se reposer sous les cocotiers même s'il n'y a pas de vent, et bien sûr la gym pour la tête et surtout, surtout penser à muscler le cerveau.

8 septembre 2000, 62e jour

Encore une journée où ça gazouille. C'est aujourd'hui qu'est prise à Paris la décision sur la responsabilité de Kadhafi dans l'attentat du DC-10 d'UTA, et donc Azzarouk est dans nos parages, la radio locale ne parle que de cela, tous nos colocataires nous jurent que nous partons et nous font des yeux tendres pour un matelas, un savon, une boîte de sardines, un drap dont nous n'avons plus besoin puisque nous partons. Pour l'ins-

Les Philippines, île de Jolo : pendant 70 jours, du 9 juillet au 15 septembre, cette cabute nonchalamment surveillée par les armes du groupe Abou Sayyaf nous a servi de dortoir dans notre "prison" de jungle.

Robot (en haut) et Mudjib, les deux commandants du groupe Abou Sayyaf, à la tête de leurs colonnes. Derrière Robot marche Maryse Burgot, avec laquelle Roland et moi sommes venus pour rencontrer les otages. Nous ignorons encore que nous ne repartirons pas : il apparaîtra que nous avons une grande valeur en "US dollars" !

Abou Sabah, le responsable du camp où nous sommes retenus. Il ne nous considère pas comme des otages mais comme des "intermédiaires". La nuance est mince...

Par moments, l'ambiance se tend : j'ai réussi à conserver les accessoires de ma caméra, mais mes lunettes et mon foulard ont été "réquisitionnés" par ces deux jeunes.

Ce groupe d'évangélistes philippins est venu une dizaine de jours avant nous, dans le but de libérer les otages.
Ils prient à longueur de journée sous la direction de leur pasteur, Almeïda, un vieil homme malade.

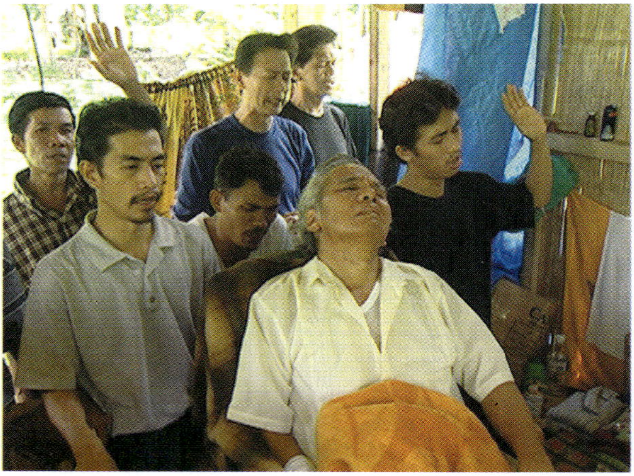

Ce jour-là, les évangélistes comprennent enfin qu'ils sont eux aussi retenus : ils juchent leur pasteur sur une chaise et font mine de partir, mais Robot et ses hommes les en empêchent.

Les colis envoyés par nos collègues de France 2 depuis Zamboanga permettent aussi de diviser le coin chambre en deux et de nous redonner un peu d'intimité, Roland à gauche, moi à droite.

L'attente s'est organisée, toujours sous l'œil des Abou Sayyaf.
Les rumeurs les plus folles courent dans le camp, on nous annonce régulièrement que nous serons libérés demain... Nous avons décidé de ne plus rien croire.

Certes, il y a autour de nous des jeunes d'apparence inoffensive qui jouent, nous rendent de petits services, parfois font même nos courses. Mais l'expérience montre qu'à tout moment ils sont prêts à sauter sur nous et à nous dévaliser.

52e jour : ce matin, tout le monde à la gym, avec nous. Nos ravisseurs manquent d'entraînement et ont du mal à suivre notre rythme.

Deux fois aujourd'hui, j'ai failli perdre connaissance.
Probablement une simple carence en vitamines ou en minéraux.

Riz-sardines, sardines-riz depuis dix jours. Doit pas tout y avoir là-dedans !

Il y a trente heures à peine, nous étions encore assis dans la jungle...

... puis c'est l'arrivée à Paris, et les retrouvailles avec Catherine. Cette évasion est la plus belle de toutes les fins imaginables, secrètement rêvée et jamais avouée, tellement improbable. Le bonheur est total.

tant, on hypothèque et on garde la jouissance. La seule chose que ces bruits engendrent, c'est que l'on insiste un peu plus sur la toilette et le rasage, question d'être présentable et de ne pas louper sa sortie. Après tout, c'est une saine préoccupation.

Ce soir, l'info est confirmée. Il y a eu vingt-quatre heures de retard, mais c'est sûr, " c'est pour demain ". C'est la crapule en chef du camp qui nous l'affirme, il le tient de ses supérieurs. " Pour l'après-midi ", dit-il, ce qui va leur laisser toute la matinée pour nous dépouiller. Ils sont déjà excités comme des rats, la journée promet d'être rock and roll. Nous allons laisser derrière nous les évangélistes célébrer encore la veille de leur départ pendant quelque temps[1]. Le gourou est mourant, ils n'arrivent plus à le nourrir. Eux viennent d'arrêter leur grève de la faim pour pouvoir mieux s'occuper de lui.

C'est maintenant que l'on voudrait avoir des sensations, écrire des impressions. Au lieu de cela, il y a une sorte de vide, une lassitude, faite d'une part du refus d'y croire vraiment, et d'autre part de la faiblesse du

1. Depuis leur tentative de départ du 24 juillet, les Abou Sayyaf leur disent tous les jours qu'ils seront libérés le lendemain ; comme ça, ils sont tranquilles pour la journée, car bien sûr, dans leur grande naïveté métaphysique, ces illuminés les croient. Chaque après-midi, une camionnette passe, mais au lieu de les embarquer, elle leur déposait d'énormes colis de vivres alors qu'ils faisaient la grève de la faim !

bilan. J'aurai perdu quelques kilos, tonifié les autres. La seule satisfaction est d'avoir, je crois, réussi jusque-là avec nos courriers à soutenir tous ceux qui ont été pris dans cette angoisse, qui ont vécu dans l'ombre et en silence dans la tourmente. Reste à réussir le retour, et ce ne sera pas la moindre tâche. Je ne sais pas du tout où j'en suis de mes énergies. Malgré l'amélioration de la nourriture, les étourdissements ont continué et sont plus fréquents chaque jour. J'essaie de faire des mouvements lents, d'éviter les efforts inutiles, je fais comme je dis la chasse au gaspi. Comment le corps va-t-il réagir quand il sera projeté dans le monde ? Je l'ignore. Il faudra sans doute ne pas l'écouter.

9 septembre 2000, 63e jour

Les choses reprennent ce matin leur logique locale. Le chef, qui hier me disait que les six Occidentaux[1] seraient libérés, dit ce matin qu'il n'y aurait que nous. Mais bien sûr, c'est aussi sûr qu'hier pour tous. D'ici que ce soit les autres et pas nous… ce qui serait plus logique à l'ancienneté ! De plus, les juges français ont

1. Le 27 août, Maryse était libérée en compagnie de Marie Moarbès, Sonia Wendling, un Allemand, une Sud-Africaine. Le lendemain, le Sud-Africain les rejoignait. Il reste donc six otages occidentaux, un Allemand, deux Finlandais, Stéphane Loisy et nous deux.

mis la décision concernant Kadhafi en délibéré. Alors ça, il ne faudra pas leur expliquer longtemps ce que cela veut dire, ils savent déjà, et ils pourraient opportunément prendre la même décision, ce qui nous projette au 20 octobre. Voilà, je suis à une heure ou à plus d'un mois de la libération dans cette logique.

Alors on réfléchit à ce que l'on va manger à midi, on programme la prochaine balade à la rivière, on ferme les écoutilles. Mais même avec cette volonté, on a tous les deux passé la nuit dans la liberté à rêver que l'on était en France, où ça n'allait d'ailleurs pas forcément bien. J'étais dans une espèce d'univers concentrationnaire, entouré de mes collègues, essayant de voir des images que j'avais tournées ici, et me souvenant seulement qu'il y avait un trou noir entre le moment où l'on m'avait annoncé ma libération et l'instant du rêve (et pour cause !). C'était comme tout rêve, confus, et c'est sans étonnement, pour une fois, que je me suis réveillé ici ce matin... Je me souviens d'un rêve terrible du début. J'étais dans une conférence, spectateur en France, toujours avec des collègues retrouvés, conscient donc que j'avais été otage, mais je pleurais de désespoir parce que j'étais sûr dans ce rêve d'être en train de rêver, et j'avais peur du réveil. C'est complexe, mais c'était comme ça. Je refusais même dans le rêve de me complaire dans l'illusion de la liberté. Et si les rêves ont souvent tourné autour du départ et du retour, je n'ai pas souvenir que cela ait jamais ressemblé à une fête ou à quelque chose de gai. Quand je m'étais mis aux mots croisés pour passer le temps, les rêves étaient tortueux, faits de labyrinthes, de rangées, de colonnes et de cases où je me sentais enserré et prisonnier de cette assommante ignorance qui vous pèse quand vous cherchez un mot, qu'il est là, mais que ça ne veut pas sortir. On s'en veut, on sait que l'on sait, et pourtant aucun mot ne veut remplir la bulle. Délayée tout au long d'un rêve, cette sensation est assez angoissante, et le réveil amer, car jamais la petite bulle de la connaissance n'a éclaté pour libérer cette goutte merveilleuse et apaisante de la mémoire en action.

QUATRIÈME PARTIE

9 septembre 2000, 63e jour (après-midi)

Des tirs de mortier me sortent des rêveries. On m'explique qu'il y a des combats entre des " lost command ", des factions incontrôlées, et les Abou Sayyaf. Toute la troupe du coin est partie précipitamment, le canon tonne en continu. Il ne manquait plus que ça. Il n'y en a qu'un qui est resté. Lui, il veut faire sa prière avant ! Judicieux, de préparer les aléas du voyage ! Et puis ça permet d'arriver le dernier, ce qui est plus sûr. Comme quoi, ça peut servir de croire en quelque chose, et ça peut se révéler salvateur. S'il est le seul à en réchapper, sûr qu'il mettra cela sur le compte de sa foi. Mais s'il ne reste que lui, nous, on est mal. On ne connaît pas l'enjeu du combat, mais ça pourrait être nous. On est à peu près sur l'île ce qu'il y a aujourd'hui de plus précieux. Et tout cela se déroule pendant que les " commanders ", ça, c'est sûr, sont au checkpoint en train de négocier. Moi, ça ne me conforte dans aucune foi. D'ailleurs, qu'ils se battent entre eux alors qu'ils sont en conflit ouvert avec les Philippins est du meilleur augure pour la suite des événements politiques dans cette île ! Le bordel y sera bien orchestré, et pendant ce temps, les voisins qui ne manqueront pas d'armer tout le monde seront peinards. Ça ressemble au Liban, où l'on a vu tour à tour les musulmans s'entre-tuer, puis les chrétiens, ce qui correspondait généralement aux périodes les plus calmes pour les voisins qui n'avaient qu'à en remettre une petite couche de temps en temps. Et j'ai vu des journalistes et des intellectuels faire quotidiennement des raisonnements fumeux et, en partant d'un échange de tirs au coin de la rue, analyser graduellement sa signification, concluant invariablement à un avertissement discret et sournois de l'URSS vers l'Occident ! Ou réciproquement ! Véridique.

Les coups de canon ont fait taire les cigales, mais pas les chanteurs mystiques qui font toujours le show pour le vieux au " stade terminal " (ce n'est pas le nom du stade où a lieu le show, c'est l'état du gourou). " Pray the Lord, Press the Lord ", mais à ce rythme, il va finir complètement essoré.

Dix-sept heures. C'est officiel, entendu sur la BBC (notre radio est bien cachée), ce sont les quatre autres[1], plus anciens, qui ont été relâchés. On est repartis pour

1. Notre compatriote Stéphane Loisy, l'Allemand Marc Wallert, et deux Finlandais enlevés le 23 avril.

un bail. Les combats dont nos voisins sont revenus étaient prétendument une erreur entre ceux qui les détenaient et nos propres geôliers. Mascarades ! Mais ce soir, ça va tirer, car ils vont fêter leur nouvel enrichissement. Il est logique que nous soyons les derniers, mais c'est une terrible position, généralement celle qui dure le plus longtemps. Je me reprends à penser à la prédiction de mon mage thaïlandais…

10 septembre 2000, 64e jour

J'ai pris pour principe de ne jamais me relire pendant la durée de ce séjour, et cela doit parfois faire un peu fouillis. Rien ne s'avère un jour comme ça se présentait la veille, si bien qu'aujourd'hui encore il y avait un petit espoir, l'avion nous attendait[1]. Mais avant de savoir s'il attend encore, il faut bien dire que l'on est désemparé. On se trouve un peu mortifié et hagard, comme devant la disparition d'un proche, impuissant, devant s'installer dans un deuil pénible. Mais arrêtons là l'analogie, car on dit souvent qu'un travail de deuil dure au moins deux ans, et là le temps ne ferait pas notre affaire.

Les combats d'hier ont eu lieu apparemment entre l'ar-

1. Les négociateurs ont essayé de faire le forcing pour que l'ensemble des otages occidentaux puissent aller faire le " show " à Tripoli, et ont retardé le départ du groupe libéré la veille. L'avion affrété par la Libye attend donc dans une île voisine, Cebu.

mée du gouvernement local, qui voulait s'emparer du magot, et les ravisseurs. Voilà qui ne va pas faciliter la suite des événements. Mais encore une fois, foin de toute analyse, la logique n'a rien à faire ici. Je n'ai pas bu une goutte d'alcool depuis deux mois, et ça ne me manque pas, mais si j'avais une bouteille de whisky, là, près de moi, je la descendrais d'un trait. Ça donnerait une justification à la gueule de bois que je ressens.

11 septembre 2000, 65e jour

Enfin, il n'y a plus de rumeurs. Les négociations continueront, entend-on, mais dans un futur vague. Alors laissons cela. La brise tiède nous berce calmement, l'arbre aux grandes fleurs rouges comme des coquelicots recommence à enchanter le réveil, les cocotiers se découpent jour et nuit sur le ciel comme des feux d'artifice, tout reprend du sens. La journée dont on sait qu'elle sera longue et calme s'offre nonchalamment à notre paisible recueillement. Tous les gestes retrouvent leur tranquille assurance, tous les instants leur plénitude. Le travail peut reprendre.

12 septembre 2000, 66e jour

Il n'est pas désagréable de sentir mises à l'épreuve ses capacités d'endurance. C'est l'inutilité de la situation qui en fait sa force. S'il y avait un but, un terme annoncé, tout serait différent, le temps serait calibré, les actes programmés. Là, il n'y a rien de tout cela, que le recommencement des journées que l'on doit rendre différentes, ce qui en fait la richesse. Endurance ignorée, à chaque instant révélée, distillant dans l'âme des écrins de volonté qui viennent se déposer et qui semblent ne plus devoir nous quitter. J'ai souvent cette image du voyageur qui traverse le Chili du nord au sud et qui, arrivé à l'extrême pointe de la Terre de Feu, terme de son voyage, tombe sur cette pancarte, près de Puerto Williams : " Vous êtes ici au centre du Chili ". En effet, le pays a une concession en tranche jusqu'au pôle Sud, quatre mille kilomètres plus loin.

Cette sensation confirme à l'envi que ce n'est pas le but qui fait le voyage, mais le voyage lui-même. De même ici, se croyant souvent arrivé au terme, on retombe dans l'incertitude totale, mais le regard se porte devant, plein de confiance, la tête bien ancrée dans le présent.

J'étais en Terre de Feu il y a quelques mois pour accueillir ce rameur solitaire, blessé sur sa coquille de noix au milieu du Pacifique, récupéré par un cargo puis la marine chilienne, Jo Le Guen[1]. Je pense souvent à lui dont la solitude (bien plus grande que la mienne) et le calvaire (bien plus dur) avaient duré deux mois. Son

1. Breton, la cinquantaine sportive, Jo Le Guen a baptisé son bateau Keep it blue, " Gardez-la bleue ", évoquant à la fois la planète et les océans. Son geste voulait sensibiliser l'opinion publique à la nécessité de protéger la Terre et de rendre la propreté à la mer. Je suis allé en reportage à sa rencontre lorsqu'il a été secouru puis opéré à Punta Arenas, au sud du Chili.

projet de joindre la Nouvelle-Zélande au Chili à la rame n'était ni fou ni utopique, et sa gratuité en faisait la grandeur, comme tous les exploits des hommes qui repoussent les limites de l'humain et en cela le grandissent. Jo aura laissé les doigts de ses pieds dans cette aventure, mais offert aussi sa gueule de dieu celte au monde, et le témoignage d'une volonté et d'une souffrance encore une fois inutiles et vaines, dont j'ai été témoin, mais qui transcendent la dimension humaine dans ce monde fait de faux et de pourriture. Merci, Jo, tu accompagnes ma retraite, ton exemple est un baume sur mon cœur. Mon expérience, beaucoup moins douloureuse que la tienne, lui ressemble par son inutilité, mais aussi par les fluides profonds et secrets de l'âme qu'elle révèle.

13 septembre 2000, 67e jour

La tension est palpable. La Malaisie, dont trois nouveaux ressortissants viennent d'être enlevés, demande une intervention militaire. Les Philippins ont de plus en plus de mal à s'y refuser. Peut-être que ces notes ne verront jamais le jour et pourriront dans mon sang. Nous sommes dans de sales draps, au propre comme au figuré. Je refuse toujours de me laisser prendre par les événements, et continue calmement la lecture et l'écriture, la tête froide. Mais la mort est plus que jamais une menace réelle. Je n'y crois pas, mon mage m'a prédit une fin calme dans mes vieux jours, et je crois toujours en ma bonne étoile. Il risque pourtant d'y avoir des moments très difficiles et dramatiques. Les communications sont interrompues. Plus de courrier dans un sens ni dans l'autre depuis plus d'une semaine. C'est peut-être mieux. Je ne me sens plus le droit de dire à quiconque que je l'aime et l'entraîner dans le désespoir. Je ne peux non plus les préparer à un deuil. Le silence donc est plus élégant. Je suis sur la page foireuse de mon carnet, celle qui, depuis le début, est légèrement décalée et refuse de se ranger correctement. Un signe ! Je vais passer la nuit avec Pablo Neruda et son autobiographie. Le titre : *J'avoue que j'ai vécu*. Moi aussi, et ça, on ne me l'enlèvera pas.

15 septembre 2000, 69e jour

Ils ne nous lâchent plus, c'est le cas de le dire. « Préparez vos affaires, on va partir. » Mais ce n'est pas pour nous libérer. Oh non ! C'est parce que la menace de l'armée se fait de plus en plus pressante. Alors on emballe, puis on déballe pour la nuit, mais il faut être prêt, même cette nuit. Le tout sous des trombes d'eau, nos affaires sont de plus en plus détrempées. Ils ne sont pas vernis, les militaires philippins, avec la météo. « S'ils auraient su, ils auraient pas venu ! » Et nous, en plus du moral qu'on soigne et qu'on bichonne, il va falloir pour affronter une vie de nomade qu'on s'arme de bonne humeur. Dans l'après-midi, on s'est fait couper les cheveux par un gamin qui avait momentanément troqué son fusil pour une paire de ciseaux. Le résultat est, dirons-nous, rafraîchissant !

Au milieu de ce capharnaüm, on reçoit un colis. Hallucinant ! Comme les lettres de Paris ont une semaine, tout le monde parle avec grande confiance de notre libération attendue pour les prochains jours et le champagne est au frais. Évidemment, ils nous attendaient avec les autres, mais le décalage rend cruelles et sordides des lettres qui se voulaient tendres et optimistes. La confusion et le désarroi doivent être immenses à l'autre bout de la planète. Finalement, ce courrier, on aurait préféré ne pas l'avoir. Ça nous replonge dans l'angoisse pour nos proches, pour lesquels on ne peut rien, moins que rien. Les mots qu'on leur envoie et qui devraient partir demain montrent notre ténacité, mais qu'en est-il de la leur ? On voudrait lâchement être seul au monde, et pourtant il faut, il faut qu'on les tienne, qu'on les soutienne, qu'on les retienne, et ne pas refuser cette chance qu'on a, même si elle devient plus aléatoire, de communiquer.

C'est l'ouverture des Jeux olympiques, qui annonce peut-être le départ pour nous d'un nouveau marathon. Enfin, si on doit vivre maintenant cette captivité en nomade, ce sera une nouvelle et belle expérience, non ?

16 septembre 2000, 70e jour

Ça y est ! Ils ont attaqué. Cette nuit, à environ un kilomètre. On nous a parqués dans une cahute toute la nuit, accroupis. Et ce matin, bombardement aérien, rien de moins. Il est clair que ce n'est pas une opération pour nous récupérer, mais la guerre. Alors c'est la débâcle dans la jungle avec toute la troupe. Une heure de marche, une demi-heure de repos, avec près de trente kilos sur le dos. Heureusement qu'on a fait de la gym pendant deux mois, mais ça risque de ne faire que de plus jolis cadavres. Robot est perdu. Les négociations devaient aboutir aujourd'hui même. Il avait l'assurance qu'il n'y aurait pas de représailles militaires avant un ou deux mois. C'est foutu de chez foutu. On va passer la nuit n'importe où dans la montagne, sans bouffe, au froid, et en se déplaçant probablement plusieurs fois si les tirs se rapprochent. On espère un cessez-le-feu en échange des otages, mais les bombardements ont apparemment atteint le village, des civils doivent être tués, pourquoi nous feraient-ils un cadeau ? En plus, ils n'ont aucun moyen de communiquer, ils n'ont pas pris le téléphone satellite. Ils se sont fait flouer, ils n'auront aucune confiance, ils iront au suicide pour une pseudo-guerre sainte en nous emmenant avec eux. Il faudrait un miracle.

Le pasteur Almeida est porté sur une chaise par ses fidèles, tel Louis XIV. C'est assez pittoresque, assez pitoyable aussi. Ils glissent, lui vomit tout ce qu'il n'arrive pas à manger depuis des semaines. Tout serait grotesque si ce n'était la réalité. Qu'est-ce qui se passe dans la tête ? C'est ça qui est intéressant. Rien. On est essoufflés de marcher, bouger fait du bien, évite de penser, et quand on s'arrête on met vingt minutes à récupérer. Et toutes les analyses comme prévu sont ridicules. Non, il ne reste plus que l'espoir, tant qu'on est vivant, qu'on puisse par ce miracle qu'on s'invente en sortir également vivant. Sinon, que la mort soit rapide et violente. Une bombe, ça le ferait bien.

La diplomatie française avait " pris note " de la médiation libyenne mais n'avait apparemment pas remercié le gouvernement et les négociateurs philippins dans les précédentes libérations. Ils avaient toujours obtenu jusque-là qu'il n'y ait pas d'opération armée. Est-ce qu'on paye ce snobisme diplomatique ? Sans doute.

Robot revient me dire que notre libération était prévue hier, mais que ce sont les militaires qui ont bloqué la route. Apparemment, les militaires ont joué sans l'accord du président Estrada, pour faire les gros bras. J'espère plutôt que tout cela est un peu réfléchi, et que c'est un avertissement.

J'ai proposé à Robot un plan en quatre points :

– libération immédiate de tous les otages ;

– cessez-le-feu et retrait de l'armée ;

– suite de l'aide humanitaire libyenne ;

– et s'il y a une nouvelle prise d'otages, alors il n'y aura plus de négociations, ce sera l'affaire de l'armée qui a montré aujourd'hui ce qu'elle pouvait faire.

Il serait d'accord, mais il attend son téléphone (en fait le nôtre) qui devrait peut-être arriver plus tard. Je voulais tester sa volonté de nous relâcher. Dans son désarroi, il semble sincère, c'est bien la première fois. Il me reste à contacter les Philippins pour les convaincre, mais si l'armée n'obéit plus, on repart à la case départ. À moins qu'elle ne se contente de sa démonstration d'aujourd'hui, pour renforcer mes propositions.

Une bombe, trop près, vient me surprendre dans mes élucubrations. Le sifflement et la détonation ont donné le signal d'un nouveau départ, alors que l'on s'était installé pour la nuit. L'heure n'est plus aux tergiversations, ils nous visent, nous veulent, morts de préférence.

17 septembre 2000, 71e jour

C'est très beau, la jungle de nuit. Mais marcher de vingt heures à six heures du matin, avec très peu de pauses, ça, on ne me l'avait pas encore fait. Expérience parfumée, douloureuse. Ce matin, un peu de sommeil, et ça repart. Les paysages sont idylliques. Les arbres gigantesques et imposants dessinent des voûtes majestueuses au-dessus de cahutes colorées au milieu de ce qui, sans le passage de notre colonne, serait d'une paix olympienne. On a envie de s'arrêter chaque fois que l'on voit ainsi un site de rêve, mais ils ne sont pas d'accord. Trop de " Intelligence[1] ". Il faut encore avancer, encore monter et descendre des pentes glissantes et vertigineuses.

1. Espions : les Abou Sayyaf en voient partout et, de fait, " Radio coconut " marche bien.

L'attaque militaire est confirmée, ce n'était pas un avertissement. Les bombes tombent, loin de nous maintenant, car ils ne peuvent imaginer qu'on ait fait un tel déplacement. Quand on sera arrivé au terme de cette débandade, on sera dans un endroit très sûr, disent-ils. Il faudra alors attendre que les militaires s'essoufflent, en tout cas l'espérer, et que des négociations reprennent. Le napalm[1] n'aura réussi qu'à tuer femmes et enfants. C'est une entreprise criminelle contre une entreprise crapuleuse. Il y a une grosse différence, et mon cœur va naturellement plus vers mes protecteurs du jour qui nous font fuir la furie des armes aveugles. Quelle que soit l'issue, des femmes et des enfants auront péri à cause de nous, et c'était inutile. C'est une vraie guerre d'élimination pure et simple des musulmans du coin. Ils n'auront pas touché pour l'instant un seul rebelle. J'espère que les pressions internationales vont avoir raison de cette folie. Je ne parle pas de notre épuisement, mais finalement l'épuisement physique empêche l'épuisement moral, et tous les gens que l'on rencontre dans cette jungle veulent nous rassurer. Ils sont beaux et chaleureux, nous donnent à manger le peu qu'ils ont. Voilà les civils napalmés.

1. La rumeur courait que des bombes au napalm étaient utilisées. Cela ne sera pas confirmé, mais la mort d'innocents est, elle, certaine.

18 septembre 2000, 72e jour

Six heures trente du matin : nous voici arrivés dans notre nouveau camp. Quelques cahutes au milieu des bananiers, et pour la première fois depuis deux mois et demi nous avons vu la mer. Vingt-deux heures de marche dont plus de la moitié de nuit. On ne voyait pas celui qui nous précédait. Il fallait souvent garder le contact avec la main. En plus, cette nuit, la pluie. Nous avons un peu dormi sur un banc (cinquante centimètres chacun) abrité. Nous sommes sales, trempés, mais saufs et heureux de pouvoir nous poser quelque part. Les évangélistes, que j'ai souvent charriés dans ce récit depuis le début, sont de sacrés bon Dieu de bonshommes. Je ne sais pas si c'est la foi qui les porte, mais ce que j'ai vu, c'est eux portant le gourou de leur foi. Incroyables force et courage dans ces chemins boueux, où chaque ascension pénible est suivie d'une descente périlleuse, pieds nus, ils n'ont pas bronché une seule fois et, à chaque pause, après quelques profondes respirations, ils nous gratifiaient d'un sourire. Quand on s'arrêtait pour deux heures, ils montaient aussitôt un abri avec les bâches et couchaient leur maître sur un matelas qu'ils transportaient. Chacun trimbalait en plus de son paquetage un carton. Dois-je l'avouer mais, après la première nuit, je ne pouvais plus transporter ma caméra en plus de mes deux sacs, ma tente et le bidon de cinq litres d'eau pour lequel nous nous relayions avec Roland. J'étais décidé à l'abandonner, c'était une question de survie. Un évangéliste l'a prise et l'a portée jusqu'ici. Hier après-midi, c'est Robot lui-même qui m'a soulagé d'un de mes sacs pendant deux heures. Le bilan physique est assez faible. Une petite entorse au pied droit qu'un savant straping a consolidée, et une grosse ampoule au pied gauche que j'ai noyée de Bétadine et bien bandée. J'irai voir dans trois jours comment ça a évolué. On est censé rester ici quelques jours en espérant la fin de l'agression militaire et la reprise des négociations, mais rien ne filtre sur les intentions de l'armée.

On entre dans le troisième jour de bombardements, on les a entendus toute la nuit, ce matin ça continue. C'est assez loin de nous. Il semble impossible qu'une infanterie puisse monter ici suffisamment nombreuse et organisée pour ce qui ne peut aboutir qu'à une tuerie effroyable. Alors, s'ils nous repèrent, ce qui du ciel ne devrait pas être trop compliqué, auront-ils la lâcheté de nous bombarder nous aussi ? Je ne doute pas que les militaires n'en feraient pas grand cas. Les faibles politiques de ce pays pourront-ils les retenir ? Les pressions sont fortes. Manifestation à Manille devant le palais du président, pressions de la France bien sûr, et pendant ce temps l'orage et les bombes se font concurrence. Ça se rapproche. Les militaires visiblement ne communiquent rien sur le massacre qu'ils sont en train de pratiquer, et c'est ce qui me fait peur. Ici, les infos remontent. De plus en plus de gosses apprennent la mort d'un ami, d'un parent. Les militaires n'aiment pas les témoins, qui plus est journalistes. Les évangélistes chrétiens ont également une grande audience dans ce pays. Il est certain que si ça ne tenait qu'à l'armée, trois ou quatre bombes ici régleraient définitivement le problème. Plus d'Abou Sayyaf, pas de témoin. La crise politique et les éventuels troubles intérieurs que cela provoquerait, ce n'est pas leur problème. C'est Estrada qui paiera, et ils ne l'aiment pas beaucoup, ne lui ont pas obéi pour cette attaque. Si la présidence ne retrouve pas les moyens d'imposer un cessez-le-feu, c'en est fini. Chaque fois qu'il se passe une heure sans explosion, l'espoir revient, souvent suivi d'une forte déception.

En attendant, nos hôtes nous gavent. On vient de tuer une chèvre, et le foie crépite dans l'huile d'un couvercle qui sert de poêle. Un peu de pain, un café. Ils sont aux petits soins. Notre sort est lié pour l'instant. Ce qui n'était jusque-là qu'une vaste escroquerie semblant être menée par des bandits avides de gain vient de trouver sa justification politique. Devant la tuerie organisée et froide, on comprend le but de leurs ennemis. Ils se battent pour ne pas être éliminés, après avoir été humiliés (les bombes reprennent) et trompés pendant des décennies. “ Plane ! Plane[1] ! ”

Nouvelle alerte. On va louper le foie de la chèvre. Un ronflement se rapproche, puis s'éloigne. Règle-t-il son tir ? Le sifflement caractéristique qui suit serait le signe

1. “ Avion ! Avion ! ” : ce cri remontant de la jungle signalait l'approche des avions et commandait à chacun de se camoufler.

que les chances d'y échapper s'amoindrissent. Il s'en est fallu de peu avant hier soir. Depuis, on avait couru plus vite que les avions, mais maintenant, statiques, nous sommes à leur merci. Nous servons de prétendus boucliers humains, bien maigres et bien fatigués, et dont quelques généraux en mal de sang font bien peu de cas. D'après la radio, ils savent en France qu'on est toujours en vie. Ça ne doit pas atténuer la terrible angoisse qui leur serre le cœur. Elle est malheureusement justifiée.

Super, le foie. Ça fait du bien de manger, vous savez, quand vous avez ce petit truc languissant dans le creux du ventre. Du tonnerre encore. Est-ce que le gouvernement philippin ne pourrait pas faire au moins arrêter l'orage ? Ça y est, on est propre et délavé, ça suffit. Que j'ai hâte, mais est-ce une hâte ou un espoir, que cette histoire ne soit qu'un souvenir, mauvais certes pour ces dernières heures, mais un souvenir quand même. Je ne pense qu'aux derniers instants. Je me vois en permanence redescendre cette montagne, la route est proche, vers la liberté. J'y crois, je le rêve ou je l'espère, je ne sais pas, mais c'est la première fois que je dois avouer être vraiment impatient. Ce n'est plus une attente, ça se rapproche d'une agonie. À propos d'agonie, le pasteur Almeida n'a jamais été aussi en forme que depuis cette longue balade. Tel bébé dans son landau, ça lui a redonné des couleurs, et il arrive à aligner deux mots.

J'ai un peu une logorrhée d'écriture. Il faut dire que je ne me suis encombré dans mon périple d'aucun livre, bien sûr. J'ai bien un walkman, celui qu'ils n'avaient pas piqué, mais si je le sors ça va être la curée. Pourquoi je le transporte, alors, je n'en sais rien, peut-être parce que c'est moins lourd que la caméra ?

Et puis il y a toujours cette superstition. Plus que deux feuilles sur le carnet, et pas d'autre papier. Il y aurait juste de quoi raconter la libération, et faire une petite conclusion. Allez, il faut y croire, je vais essayer de laisser un peu de place. Cessez-le-feu contre libération immédiate, qu'est-ce qu'elle attend, la radio, pour annoncer ça ? Vous qui lisez ça, vous en avez du pot de connaître la fin !

Les visages se tendent. Il n'y a aucune volonté d'ouverture exprimée du côté des militaires. Le " Chief of Staff[1] " de l'armée philippine vient d'arriver à Zamboanga. Rien ne filtre. Il semble jusqu'au-boutiste. La seule chose que pourront faire les Abou Sayyaf sera de nous éliminer, avant d'être eux-mêmes attaqués sans aucune chance. C'est la seule arme désespérée qui leur reste, pas une arme mais un moyen de laisser un embarras à leur ennemi. Ce n'est pas une victoire, ils ne le souhaitaient certainement pas, mais c'est la seule chose à faire, avant de mourir en martyrs. Nous sommes condamnés à mort par l'armée philippine. Seul léger espoir, qu'ils nous laissent partir pour qu'on puisse témoigner, ce qui peut aussi déplaire aux Philippins.

1. Chef d'état-major.

19 septembre 2000, 73e jour

Nuit calme sans bombes ni tonnerre. Hier soir, les infos confirmaient nos impressions. À la demande de la France d'assurer la protection des otages, les Philippins ont répondu qu'il fallait avoir de la compréhension pour leurs problèmes intérieurs. Parlaient-ils de l'encombrement que représentent les musulmans pour eux ? On ne comprend rien aux infos locales sur leur radio, mais c'est assez déconcertant, grotesque et drôle. Sur fond de " Guerre des étoiles ", on comprend un mot par-ci par-là... Jolo... Abou Sayyaf... Almeida... Bandang... Patycol... Miracle Crusade... Estrada... et chaque fois la cavalcade de *La Guerre des étoiles*. Ça fait penser à la *Walkyrie* dans *Apocalypse Now*. Je verrais bien les hélicos arrivant en musique, le cœur en fête, pour se faire des musulmans et ces crapules de journalistes, et allumer les évangélistes. Avec toutes ces histoires, j'ai bien dormi. D'abord parce que je pensais que c'était ce qu'il y avait de mieux à faire et, allongé pour la première fois depuis quatre jours, même sur du dur, c'était tentant d'en profiter, ne sachant pas de quoi les lendemains seraient faits.

Robot a écrit à Estrada, demandant un cessez-le-feu et se disant prêt à discuter les conditions adverses. Mais va-t-il réussir à calmer leur envie de sang...

Les infos françaises ne sont pas rassurantes. Dialogue de sourds entre Français et Philippins, qui ne nous considèrent plus comme des otages puisque nous sommes venus de notre plein gré. Refus total d'arrêter l'opération militaire et assurance peu convaincante de l'ambassadeur philippin à Paris que la sécurité des otages sera respectée. Il parle d'une opération qui peut durer plusieurs mois. Nous, je ne sais pas. Alors bouffe, dodo, radio... Robot a envoyé un gus pour recharger les batteries du téléphone. En fait, il n'a aucune communication. Plus de bombardements pour l'instant, les opérations au sol doivent se mettre en place, ce qui n'est pas plus rassurant. Pas une fois les militaires n'ont demandé la libération des otages. Ils s'en foutent, ce n'est pas leur mission. On est en train de dépecer une vache. Depuis le temps que je rêvais d'une côte de bœuf, c'est peut-être le jour. Et, comme chaque fois qu'on prépare un bon plat, les bombes reviennent. Deux, un peu loin. Les militaires ont maintenant tout leur temps, ils n'ont pas réussi dans ce qui devait durer quarante-huit heures, ils préparent une guerre d'usure.

Vous me croirez si vous voulez, mais j'entame la dernière feuille et ils viennent d'annoncer le cessez-le-feu à la radio, ils doivent maintenant organiser notre libération. Il faut dire que j'ai écrit de plus en plus petit, toujours par superstition, j'espère ne pas perdre ce carnet pour en rapporter la preuve.

Je vais recopier ce que j'avais préparé, en trichant, comme conclusion. C'était la veille de la débâcle, le 15 septembre, qui était alors pour moi une énième veille de libération promise.

Je suis en paix avec moi-même. J'ai pu exprimer aux miens ce que peu d'occasions dans la vie vous permettent, qu'habituellement seul le seuil de la mort autorise, ce dénuement pervers devant le vide et l'inconnu, sans que cela marque la fin. J'en suis gratifié pour le restant de mes jours.

Je suis sur la dernière feuille de ce carnet. Sera-ce comme j'ai voulu le prédire la fin de cette ascèse, je ne sais. Mais de toute façon, je n'écrirai plus rien, en tout cas sur cette histoire, quelle qu'en soit la durée. Je n'ai fait aucun effort, les mots sont venus à leur rythme, s'imposant d'eux-mêmes.

Ai-je changé ? non. Se sont juste révélées en moi des capacités à la fois riches, exaltantes, violentes, effrayantes, que seule peut-être une profonde sénilité m'enlèvera, un peu comme quand, jeunes hommes, vous étiez, Messieurs, juste après avoir, pour la première fois, de vos entrailles honoré l'amour.

Ç'eût été une belle pirouette. Aujourd'hui – et un avion nous survole encore (cessez-le-feu ?) – le flash de la libération, encore promise, une nouvelle fois proche, aura un goût amer. Un soulagement, certes, mais un soulagement certainement amer, un peu comme une vulgaire pratique manuelle d'adolescent. Je ne sais combien de victimes exactement auront faites les bombes, trop de toute façon. Peut-être me suis-je complètement trompé sur la stratégie des militaires, mais je peux affirmer que, l'autre soir, c'est tombé tout près. Et je ne suis pas libre encore. Les conditions vont-elles être acceptables, s'ils leur demandent en nous libérant de rendre également leurs armes – et toujours les “ Plane ! Plane ! ” menaçants, l'effroi tout de suite après l'espoir – l'avion est tout proche –, je vais m'abriter. Il a fait un passage. Avertissement ? Militairement bien joué, ou un repérage – il revient – plus fort, plus près, accélère – est sur nous – bombes, pas bombes – pas encore cette fois. Le silence est total dans les rangs. Bombardez-nous de tracts, nom de Dieu, je n'ai plus rien à lire, et presque plus de place pour écrire. Et il tourne, tourne. Toujours pas de bombes. Donc, mission photos. Alors, que croyez-vous qu'il arriva ? Eh bien, re-préparatifs pour une nouvelle excursion. Pauvre bœuf ! Et finalement non. C'était juste en cas. Donc on se réinstalle et on enchaîne un riz au bœuf, puis un bœuf au riz. Et on n'arrive pas à savoir si le cessez-le-feu est un ordre d'Estrada ou l'extrapolation des chrétiens qui ont entendu que la femme du vieux l'avait demandé au président et ont pris ça pour argent comptant. Dans la même minute, un môme me dit : “ Demain, boum, boum, boum, hélicoptères, et puis demain, vous, Jolo ” (la ville). Et comme ils n'ont que quelques minutes devant eux, et des lendemains incertains, on assiste à la distribution hallucinante de la paie. Accroupis, en petits tas, chacun reçoit de Robot dix mille pesos (mille six cents francs, salaire d'un mois).

20 septembre 2000, 74e jour

Pas plus de cessez-le-feu que d'arêtes dans le bœuf, et c'est donc à la nuit tombée qu'on s'est remis en marche.

La nuit est très sombre, le chemin étroit, la colonne étirée avec plus de trois cents zombis, et Roland plus déterminé que jamais à se cacher dans le premier trou noir. Je veux voir une route d'abord – la voilà – cohue – bousculade – affolement –, la suite vous connaissez. J'écris en ce moment dans la chambre du général des renseignements philippins, je suis libre, mais pas encore officiellement, pas tant que le président Estrada ne l'aura lui-même annoncé. Donc planque cinq minutes derrière la bicoque près de la route, puis fuite tout droit dans une direction, au pif. On a l'impression d'être suivis. Un connard de chien gueule, on a à peine fait cent cinquante mètres. On replonge dans la jungle et on se terre. Il est huit heures dix-sept sur ma radio. À quatre heures du matin, averse qui peut couvrir les bruits. On reprend la route, toujours tout droit. Plein de bicoques. Quelques chiens qui aboient. Au petit jour, on se recache, on ne veut plus se montrer. On évalue nos chances à quatre-vingts pour cent. Un “ jeepney[1] ” passe. D'après notre idée, il vient de Jolo. Puis une patrouille militaire. On se découvre, c'est fini, on a réussi. Il reste une ligne à mon carnet. Je ferai une conclusion sur le support.

1. Taxi collectif.

CONCLUSION

Nous sommes dans l'avion présidentiel en route pour Manille. Il y a six heures, nous étions assis dans la jungle, ayant fait route en nous éloignant de la ville de Jolo. Les militaires veulent tirer leur gloire de cette histoire. " C'est grâce à nous, c'est parce qu'on était là, sinon un jeepney vous aurait ramenés aux Abou Sayyaf. " C'est sans doute vrai, il y avait une chance sur deux. Je leur laisse leur gloire, elle arrange tout le monde, mais on n'est pas peu fiers d'enlever une grosse épine du pied de nos gouvernants et des leurs. Le président Estrada nous attend, je suis crade de chez crade, sauf le tee-shirt que j'avais gardé neuf. Roland, lui, avait réussi à garder un tee-shirt et un pantalon. Il est beau comme un gardon.

Cette évasion est la plus belle de toutes les fins imaginables, secrètement rêvée, jamais avouée, tellement improbable. La conclusion trichée, écrite avant ces quatre jours d'angoisse, trouve sa valeur au centuple. L'explosion, la jouissance, est totale. Quel grand œuvre de n'avoir à remercier principalement que nous. Roland, l'ami, le frère, l'instigateur principal de cette issue. Nous espérons que nos amis chrétiens n'en ont plus pour longtemps avant d'être libres. Les militaires, dont on ne connaît pas encore l'honorable bilan en victimes qu'ils auront à assumer, nous certifient que c'était bien une mission pour récupérer les otages et qu'il ne leur serait fait aucun mal. On le saura dans quelques jours. Mais restera cette bombe de l'autre soir, dont l'approximation ne peut dissimuler l'intention. Resteront ces femmes et ces enfants sacrifiés. Restera nous, renaissants, ouverts à une nouvelle vie, après un sévère avertissement. Restera que le manque de chance, c'est une faute professionnelle (Pierre Desgraupes) et que le destin, ça se travaille et ça se mérite.

Jolo, septembre 2000
La Perrière, octobre 2000

CORRESPONDANCE

À ma famille

Jolo, 27 juillet 2000

Chaque courrier est une bouteille à la jungle, car nous avons l'impression que beaucoup de choses ne sont pas parties. Nous essayons à l'aveugle différentes filières. [...] Les revendications de nos ravisseurs sont précises concernant l'argent, mais ils essaient d'y ajouter des motifs politiques, et là c'est l'improvisation la plus totale. [...]

L'électricité a été coupée depuis quatre jours dans le village voisin, et ils ne peuvent plus recharger les batteries du téléphone satellite. Il y a des chances que nous ne puissions plus nous en servir, mais les quelques coups de fil que nous avons passés nous ont donné le ton sur l'ambiance en France. Il semble que France 2 se comporte très cordialement avec vous tous. J'ai eu malheureusement et de très près une expérience de la sorte avec la prise d'otages du Liban et je sais que mes collègues sont très prévenants dans ce genre de situation. Il semble de plus qu'une chaîne de solidarité assez impressionnante se soit mise en place. Tout cela nous fait très chaud au cœur et vous aide, je l'espère. [...]

Côté nourriture, nous commençons à améliorer le riz-sardines du début avec quelques conserves reçues de France, du poulet, des œufs et des fruits achetés par nos ravisseurs avec l'argent caché dans nos colis. Les autres otages nous ont fait savoir que l'on pouvait avoir des légumes, et nous avons aussitôt fait une demande de tomates, concombres, aubergines, etc. La ratatouille demain promet d'être délicieuse. Ils n'ont jamais eu de problème de santé avec la nourriture, nous laverons les légumes avec de l'eau traitée. Côté santé, tout va bien. Notre pharmacie est assez désespérante. En effet, elle pourrait nous soigner d'à peu près tout pendant plusieurs années. C'est sympa, mais ce sont des visions à très long terme… (…)

Il n'y a pas de violence, et ils sont à notre égard de plus en plus prévenants. Ils sont tous conscients de ce que nous valons en US dollars et nous soignent en fonction. Les seuls coups de fusil servent à cueillir les noix de coco et à chasser les éclipses (ça prend quelques minutes, quelques centaines de munitions, mais ça marche, on a vérifié). (…)

Grâce à Catherine, je suis un spécialiste du camping sauvage. (…) Voici quelques détails de ma vie de Robinson pour vous donner quelques idées de la situation. Je ne connais pas l'ennui, j'avale livre sur livre (notre bibliothèque est maintenant assez riche). Ne vous faites donc pas de souci. Les négociations prendront du temps mais finiront par aboutir. (…)

Je sais que vous avez reçu la photo qu'ils ont prise de nous. J'espère que vous avez vu dans mon regard toute l'énergie que je voulais vous transmettre pour tenir au mieux dans cette épreuve. Si l'on ne perd pas notre moral en s'inquiétant inutilement les uns pour les autres, tout ira bien. Alors courage, confiance, patience. (…)

Jean-Jacques

À Catherine

28 juillet 2000

{...}

Le soir, la nuit tombe vers 19 heures. Souvent on mange à la bougie et on lit longuement après, mais on ne doit quand même pas se coucher très tard. On a une idée vague des heures, car toutes nos montres ont été volées le premier jour. {...}

Dans un précédent envoi, j'avais demandé que les courriers à France 2 soient faxés mais que les vôtres soient remis en mains propres, quitte à perdre un peu plus de temps. Je ne sais pas ce qu'il en a été, mais je pense qu'ils lisent tout pour avoir des infos sur nous, nos conditions, et par analyse graphologique peut-être sur notre santé mentale. J'espère qu'on pourra avoir les rapports au retour, ça risque d'être drôle. {...}

Jean-Jacques

Jean-Jacques Le Garrec
Banlieue de Bandang
Jolo, Sulu, Philippines !

3 août 2000

Henri Amouroux
Assoc. Prix Albert-Londres

Mon cher Président,

Mes chers amis,

Je n'ai jamais douté de votre fidèle amitié, et le fervent soutien que vous avez exprimé nous va droit au cœur[1].

Il est devenu aujourd'hui banal, quand on va tremper sa plume ou son œil dans la plaie, de la voir se refermer sur vous. Après tout, Albert Londres vivait ses histoires de l'intérieur, et là, je ne peux pas être plus dedans. Je n'aurai certainement pas son talent pour raconter cette aventure, d'ailleurs il y a peu à dire, décrire une journée, c'est les décrire toutes.

Je n'ai pas avec moi le lourd et excellent Kessel d'Yves Courrière dont j'avais déjà lu la moitié, mais

1. Le prix Albert-Londres 2000 a été remis pendant le Tour de France, à Courchevel, et nous a été dédié.

Les Cavaliers *et* L'Équipage *sont dans notre bibliothèque et animeront notre retraite.*

Toutes mes félicitations aux nouveaux lauréats[1]. *Il ne fait pas de doute que nos nouveaux amis Rivoharizo Andriaroto et Peter Chappall feraient une belle histoire avec notre mini-bagne de l'île de Jolo, plus récent que celui de l'île de Nosylava, mais néanmoins pittoresque !*

J'avais pensé que peut-être le prochain prix aurait pu être remis ici même l'an prochain. Je m'en excuse d'avance, mais je ne suis pas certain de pouvoir être du voyage... Passer du rôle de témoin à celui d'acteur de l'actualité n'est pas un exercice à pratiquer trop souvent. Nous rencontrons parfois nos compatriotes qui viennent de célébrer leur centième jour de détention. Ils sont au point pour vous organiser un stage de " survie dans la jungle " avant votre départ.

À très bientôt, mes amis. [...] Mes collègues Maryse et Roland se joignent à moi pour vous exprimer notre profonde reconnaissance.

Fidèlement vôtre,
Jean-Jacques

1. *Rivoharizo Andriaroto et Peter Chappall ont reçu le prix Albert-Londres 2000 catégorie audiovisuel pour " Les Damnés de la Terre ", un reportage sur un bagne séculaire de Madagascar. Anne Nivat de* Libération *a reçu le prix Albert-Londres 2000 catégorie écrit pour ses articles sur la Tchétchénie.*

À Catherine

5 août 2000

{...}

Dans une lettre que tu n'as peut-être pas reçue, je te disais que tu me connaissais suffisamment pour ne pas t'inquiéter pour moi. L'huître s'est refermée, à l'intérieur tout va bien. Pas de stress ni d'angoisse. Un philtre de patience est passé dans mon sang. J'occupe le temps intelligemment. Fais de même. Nous sommes tous les trois très soudés, toujours ensemble, sans ombre au tableau. On se félicite chaque jour de la composition de cette équipe, ça ne pouvait pas être mieux dans ces circonstances. {...}

Jean-Jacques

9 *août* 2000

Cher Jeff H., cher Alain K., cher Jean-Paul F.
Cher Fred L., cher Frank B., cher Philippe L.

...

Le plus beau, ce n'est pas tout ce que vous êtes en train de faire pour Catherine, le plus beau, c'est que je n'ai pas douté un instant que vous le feriez, et c'est assez émouvant de ressentir ces amitiés-là. J'ai déjà fait un mot à Fred et Jeff depuis ma clairière de réflexion mais c'est Robot qui médite dessus. Peut-être fera-t-il suivre un jour.

Vous avez tous les détails de notre vie avec les courriers généraux, alors je ne répète rien.

[...]

Je ne perds pas une miette du temps et me délecte de tous les instants. Je suis en évasion permanente. Vous l'aurez compris, pendant que certains chantent, la fourmi provisionne. Et puisque cette épreuve permet à l'amitié de s'exprimer, il est capital " que la joie soit dans les cœurs ".

Vous savez mon affection indéfectible.

Je vous embrasse.

Jean-Jacques

À la Rédaction

10 août 2000

CHERS TOUS,

Est-ce qu'on vous avait déjà raconté notre départ ? Tout d'abord, un accident sur la route de Roissy. On a failli louper l'avion. Ensuite, celui-ci était surbooké. Après le retard pris, plus de place. Ça s'est débloqué dix minutes avant le décollage. À Manille, il y avait un typhon ou un truc comme ça depuis trois jours. Tout était inondé, les routes paralysées. Deux heures pour trouver un taxi, deux autres pour rejoindre le département de l'info pour nos cartes de presse. Au retour, panne du taxi que l'on a dû pousser sous des trombes, les pieds dans l'eau. Il nous restait deux heures de sommeil avant l'avion à 5 heures du matin pour Zamboanga. Les dieux ont tout fait pour nous retenir. Depuis, ils se vengent. (…)

Bises

Jean-Jacques

À Catherine

18 août 2000

{...} Une femme a besoin de ressentir toute la tendresse de l'homme qu'elle aime, qu'il se lâche un peu dans ses lettres et qu'il en fasse un maximum pour transmettre son amour. Ça ne m'est pas naturel, mais tu m'as appris, et c'est vrai que ça fait du bien de dire qu'on rêve de bain tout nu dans les eaux bleues de Koufounissia, d'être tendrement dans les vapeurs d'un hammam, que pas un satin ne peut être plus doux que nos peaux l'une contre l'autre, et qu'un baiser peut être aussi chaud sur papier qu'en vrai. Que l'on peut rouler l'un sur l'autre sur les lignes d'une feuille comme sur du sable chaud, et que l'on se tient très fort dans les bras l'un de l'autre avec des mots. Qu'une onde passe dans l'écriture pleine d'amour et de tendres baisers, et que c'est dans l'adversité que l'on sait que l'on s'aime. Merci de m'avoir appris à dire tout cela, je le ressens tellement fort, tous sens confondus, je suis plein de toi, plein de délicieuses sensations et de tendresses souriantes. Quel que soit le temps que cela prenne, je sais que nous sommes des gens heureux.

{...}

Jean-Jacques

À la Rédaction

21 août 2000

Chers tous,

On vous l'avait bien dit de faire gaffe. Alors vous, bien sûr, vous y avez cru, et maintenant vous vous morfondez. Ben nous, pas du tout, on n'y a pas cru du tout, ça non, mais qu'est-ce qu'on l'a espéré ! Résultat, il semble qu'on vienne de re-signer un bail qui risque de ne pas être précaire, car si on part au compte-gouttes, on n'a pas les numéros prioritaires...

Alors il faut vous y faire et reprendre courage. Faites un peu de gym le matin, ça aide, et plongez-vous dans la lecture, ça occupe. Soignez votre diète et comptez les étoiles la nuit, ça maintient. Accrochez-vous, nous sommes de tout cœur tout près de vous, tenez bon, chaque jour nous rapproche de 24 heures de nos retrouvailles.

Bon courage
Bises
Jean-Jacques

À la Rédaction et au monde libre

28 août 2000

Chers tous,

Enfin on a pu ronfler sans être réveillé toute la nuit. Et en plus, elle est partie sans faire la vaisselle. Nous, ce matin, on a été à la rivière prendre un grand bain, et tout beau, tout rasé, le reste de la matinée a été assez rocambolesque.

Mais tout d'abord, le départ de Maryse nous a réconforté et nous rend confiants pour la suite. Il faut que vous sachiez que pendant ces cinquante jours, Maryse a été absolument extraordinaire de force et de dignité, qu'elle nous a bluffés par son sang froid, et que nous sommes plein d'admiration pour elle. Bien sûr, sa position de femme était très dure à tenir, elle a su se faire respecter, mettre la distance nécessaire tout en obtenant la considération de tous. Il était presque émouvant de voir tous les gamins saluer son départ et s'en réjouir pour elle, tout cela avec franchise et du respect affectueux. Bien sûr, les jours à venir vont être très durs pour elle, prise entre le traumatisme de cette captivité et la culpabilité d'être seule dehors. Nous savons que votre chaleureuse affection la soulagera, et qu'elle sache que de notre côté, nous sommes heureux, très heureux de ce départ, et très confiants pour nous.

Bien sûr, le cordon " sanitaire " autour de nous s'est un peu rétréci, et les mômes se sont rapprochés, tou-

jours accroupis, de deux bons mètres quand ils ne s'assoient pas carrément à la nouvelle place vide. Mais tout cela se fait assez convivialement...

Ce matin donc après la rivière, deux marmots nous attendaient avec un mot de Robot : " Descendez au village, vous êtes libres, le négociateur vous attend. " Il y avait un autre mot plus long, mais dans la cohue qui s'est installée, les marmots annonçant notre départ, le mot a disparu. On a réussi à sauver un slip, un tee-shirt et un pantalon, heureux de garder nos chaussures, et en trois minutes on n'avait plus rien. Sur le chemin, avec Roland, on n'y croyait pas, parce que c'est une règle, et on se voyait bien être déplacés et rejoindre l'autre groupe.

En arrivant au village, on s'est fait engueuler par le négociateur philippin qui ne nous attendait pas mais qui voulait le Sud-Africain. Effectivement, on a vu après qu'il y avait son nom (assez illisible) en tête du papier. Fâché, le gros Philippin nous dit qu'il avait écrit sur l'autre papier qu'il nous prendrait mercredi mais que, compte tenu de ce merdier, il allait peut-être changer d'avis, ce connard. Bref, retour au camp où nous sommes très allégés. On a pu récupérer les matelas, une bâche, la bouffe heureusement était protégée par les amoureux du Christ. Plus de drap, de moustiquaire, mais on a les piles et les répulsifs insectes. Donc pas de souci, tout ira bien surtout si ça n'est que pour 48 heures, mais ça on n'y croit pas.

En fait, il y a une logique à tout cela. Vous vous êtes entraînés déjà plusieurs fois à jouer cette libération, avec une foi heureuse, il est donc normal que nous ayons fait aussi cet exercice et cette répétition. Comme vous donc, on sait comment ça marche, mais on ne sait toujours pas l'effet que ça fait.

Deux grands poids en moins donc. Le soulagement pour Maryse et les 3/4 de nos affaires, vous dire si on se sent légers, le cœur compris. Ici, tout le monde se marre de notre retour, sans agressivité, mais contents de pouvoir continuer de nous observer et de nous racketter. Néanmoins, des petits trucs reviennent épisodiquement. On vient de nous déposer un rouleau de P.Q. sur la table. C'est normal, ils ne savent pas s'en servir. Sur cette note poétique, bises à tous.

Jean-Jacques
Roland

11/13 septembre 2000

Chers Didier et Jeff[1],

Vos chances de nous ramener s'amenuisent. On est désolé pour vous, ça nous aurait vraiment fait plaisir.

Il y a de toute évidence eu un loupé nous concernant, et le temps ne semble plus jouer en notre faveur.

Nous avions vu Stéphane deux jours avant sa libération. {…} On est content pour lui.

La route entre Jolo et ici semble être le théâtre de combats assez fréquents, et les passages sont plus rares. On a envoyé un gamin faire des courses ce matin, mais il peut fondre avec les 1 000 pesos et ne pas se remontrer. Pour les colis, on vous confirme {…} qu'un envoi n'est pas arrivé, apparemment la série M. On vous prépare ce courrier en espérant voir débarquer un porteur, mais il est probable que là aussi les choses se compliquent. Tout le monde doit en prendre son parti. De toute façon, on a de quoi tenir. C'est le courrier qui manque le plus, mais c'est parce qu'on avait pris des goûts de luxe, et on a besoin d'être choyés. Là aussi, il faut qu'on arrête d'être capricieux.

Votre déception est à la mesure de la nôtre, mais on ne désarme pas. Soyez prudents, ils ont bien l'intention de continuer leur petite industrie. {…} *J.-J. & R.*

1. Didier Epelbaum et Jean-François Hoffmann étaient à ce moment-là nos deux collègues de France 2 positionnés à Zamboanga pour nous fournir en vivres, et nous réceptionner le cas échéant.

À Ryan[1]

13 septembre 2000

{...}

Continue de puiser dans cette épreuve des forces que peut-être tu ignorais. C'est ce que je fais. Je me sens plus fort chaque jour, plus serein et plus confiant. Je voudrais pouvoir faire rayonner cela en toi. Maîtriser le temps, le dépasser en le rentabilisant quel que soit le contexte, en fait faire de chaque heure une heure de travail et d'enrichissement. Il y a ainsi du bonheur à chaque instant que rien ne peut venir altérer. Ce qui rend malheureux, c'est le temps perdu, et il suffit donc de lutter contre. Le contexte ici était particulièrement propice pour mettre cela en pratique. Je peux donc te confirmer que ça marche.

{...}

1. *Mon fils.*

À Jeff, Didier, Rédaction de France 2
et tutti quanti

15 septembre 2000
(jamais arrivée)

Les augures n'ont jamais été aussi pessimistes que cette mi-septembre. Il y a trois jours, Robot nous disait qu'il avait besoin encore d'une semaine. Or quinze jours avant, il nous avait promis de nous sortir dans les quarante-huit heures ! Donc on se méfie de sa lecture d'un calendrier. Depuis, on a entendu que Estrada disait qu'il n'interviendrait pas militairement tant que nous serons là, ce qui veut dire deux fois le contraire, à savoir qu'il interviendra dès que l'on sera parti. Les Abou Sayyaf s'attendent d'ailleurs à ce qu'il attaque dans le camp d'à côté où il y a les otages malaysiens. En ce qui nous concerne, on a donc le sentiment que la situation est complètement bloquée, et pour un bon bout de temps. Plus de communication, plus de colis depuis dix jours, et des lettres comme celle-ci qui ne partiront peut-être jamais.

Il faut en prendre votre parti. On a bien espéré pendant quelques jours que la fête était proche. Il faut boire ces bouteilles pour nous si vous ne voulez pas vous déshydrater. De notre côté, bien que désolés de ne pas venir faire notre quota de vaisselle dans nos plannings respectifs, on en a pris notre parti. Tant qu'on ne bouge pas, qu'ils nous foutent la paix, on est bien. La bibliothèque est riche, le garde-manger, ça va, et l'hygiène suit à peu près. Ce sera une très longue attente, mais ce n'est rien qu'une attente. Ça pourrait donc être pire, ils pourraient par exemple nous faire tourner tous les jours comme à Paris ! Non, ils sont cool. Les risques de dérapage avec l'armée nous semblent assez faibles. Quant au succès d'une évasion, les chances sont absolument nulles, ce n'est pas la peine de venir nous attendre sur les plages de la côte. Notre moral est égal depuis le début. Nous adoptons à l'égard de nos geôliers une attitude digne et ferme, ayant réussi à instaurer un respect mutuel. Ne vous inquiétez donc pas outre mesure, on s'inquiète déjà bien assez pour vous de notre côté. On reste toniques et actifs, nous vivons pleinement cette retraite en confiance, et on sera imbattables pour supporter avec patience les permanences qui nous attendent.

Bises
Jean-Jacques

POST LIBERATUM

Jean-Jacques Le Garrec, comment vous êtes-vous retrouvés là-bas avec Maryse Burgot et Roland Madura ?

Jean-Jacques Le Garrec : Nous étions partis en reportage pour France 2 afin de faire un point sur la situation à Jolo. Nous voulions être présents à l'antenne à l'occasion du 14 juillet en France avec un reportage sur la situation des négociations et celle des otages. Nous avions établi un contact par un intermédiaire déjà connu, puisque d'autres journalistes étaient passés par lui pour rencontrer les ravisseurs, qui répondaient aux noms de code de " Robot " et de " Mudjib ". Nous avions rendez-vous avec eux. Nous n'avions pas l'obligation, de la part de notre chaîne, d'aller au contact des otages. Nous devions faire un point depuis Jolo, mais on nous avait dit que si l'opportunité se présentait de faire l'aller et retour dans la jungle sans problèmes, on pouvait y aller. Nous étions sûrs à 100 %, puisque nous avions le contact avec Mudjib et Robot, de pouvoir rencontrer et les ravisseurs et les otages et de revenir. Et les choses ont foiré, on ne sait pas trop bien pourquoi, peut-être que notre intermédiaire nous a vendus, peut-être que des gens dans la mouvance de Robot et Mudjib n'ont pas voulu que l'on reparte, ont souhaité être eux-mêmes des ravisseurs et ont imposé en quelque sorte à Robot et Mudjib de nous retenir... Il y a eu un moment de flottement.

Quand avez-vous compris que l'affaire tournait mal ?

Dès notre arrivée, quand on a été évacués du véhicule d'une manière qui n'était pas tout à fait conviviale, on s'est dit que les événements ne prenaient pas forcément la tournure prévue. Et puis on nous a un peu trimbalés dans la jungle et Robot s'est présenté. On se disait que, jusque-là, tout allait à peu près bien. Mais il avait l'air très ennuyé, il a dit : “ Mais non, j'avais demandé à ce qu'il n'y ait plus de journalistes. Je suis embêté, embêté... ” Et tout de suite, il nous a fait le cinéma du type un peu dépassé, qui n'est pas responsable des événements et qui est très très ennuyé. On nous a ensuite promenés pour aller voir les otages philippins, les évangélistes de la “ Jesus Miracle Crusade ”. On a fait une interview de Robot, une interview de Mudjib. On s'est encore dit que tout allait bien... Jusqu'au moment où on nous a mis debout, on nous a dépouillés, et on nous a annoncé : “ Maintenant, vous allez rester ici et on va réfléchir à votre situation pendant quelque temps. ” Le lendemain, on nous a fait téléphoner pour transmettre quelques exigences de rançon et autres. Robot disait : “ Non, c'est pas moi, c'est un autre, moi je ne suis qu'un facilitateur. " On nous a dit aussi : " Non, c'est l'autre qui vous détient ! " L'autre, c'était un monsieur qui s'appelait Abou Sabah, responsable effectivement du camp dans lequel on était. Lui affirmait qu'il était aux ordres de Mudjib... Tout le monde se renvoyait un peu la balle. Tout le monde faisait celui qui était embêté, tout le monde jouait double ou triple jeu.

Quelles étaient vos conditions de détention ?

Pendant deux mois et dix jours, on est restés dans ce camp, dans des conditions dont je dirais qu'elles n'étaient pas cruelles, si l'on fait la comparaison avec celle d'un certain nombre d'otages qui ont connu des détentions beaucoup plus douloureuses que les nôtres. Évidemment, vous êtes totalement privé de votre liberté et vous êtes dans l'inconnu total par rapport à l'issue de la situation dans laquelle vous êtes, à la fois en terme de durée et de condition physique – puisque plane toujours le fait que vous savez que les choses peuvent mal tourner un jour, donc votre vie est en suspens –, vous vivez dans l'idée que la mort peut surgir en permanence. Mais les conditions matérielles, nourriture, sommeil, hygiène, n'étaient pas horribles. On avait de quoi manger comme eux, ensuite comme on a pu recevoir des colis de France 2, on pouvait manger mieux qu'eux. On avait de quoi dormir comme eux. Et ensuite, comme on a reçu des matelas, mieux qu'eux. Et puis on allait se laver à l'occasion à la rivière, accompagnés de quelques rebelles, dans une eau qui reste une eau de rivière, avec les risques que cela suppose dans les pays tropicaux.

Vous avez parlé de l'attitude confuse au sein de ce groupe. Est-ce à cause du manque de structure, au point qu'on ne sait pas trop qui dirige véritablement et quels sont leurs véritables motifs ?

Il y a deux éléments. D'une part, ils jouent, de manière à brouiller un petit peu les cartes, genre " ce n'est pas moi c'est l'autre, mais je vais faire en sorte que ça se passe bien pour vous ", histoire de s'attirer notre sympathie. Et puis derrière tout ça, il y a quelque chose d'assez structuré chez ces bandits qui ont monté un business consistant à se faire de l'argent avec des otages. Ceux qui ont organisé l'enlèvement des otages en Malaisie, l'équipe de Mudjib et de Robot, ont préparé une opération pirate assez complexe puisqu'il fallait quand même aller les chercher, les ramener, vingt heures de bateau, une grosse expédition. C'était beaucoup moins glorieux et moins difficile de retenir des journalistes avec qui ils avaient pris rendez-vous !

D'autre part, au fur et à mesure que cette situation a duré, qu'ils avaient plus d'argent, puisque quelques négociations avaient abouti, et que leur popularité augmentait à l'intérieur de l'île, de plus en plus de jeunes venaient grossir leur troupe et leurs rangs, parce que le salaire était quand même attrayant. Or il y avait un fond de répression dans cette île depuis des siècles, et il devenait assez naturel, quand on est en âge de combattre, de rentrer dans une pseudo-résistance, suite aux souffrances qu'avaient pu endurer des générations.

Étiez-vous en contact avec les autres otages, ceux qui étaient retenus là depuis le 23 avril 2000 ?

Oui, ce sont eux qui sont venus nous rendre visite les premiers, quelques jours après notre enlèvement, ce qui était d'ailleurs étonnant puisque c'est nous qui étions venus à l'origine pour les rencontrer ! Ensuite on s'est rendu des visites assez régulières. On allait dans leur camp, ou ils venaient dans le nôtre. On prenait un café, on discutait. Après, il y a eu une période où on a cru sentir que l'ambiance était légèrement plus tendue, plus incertaine. Il y avait des rebelles un peu " incontrôlés " dans la jungle et qui faisaient parler d'eux, on a eu peur d'être interceptés et on a limité nos mouvements. Et puis on a recommencé à se voir quand les femmes ont été libérées le 28 août. Il restait Roland et moi de notre côté, et Stéphane Loisy, Mark Walert et les deux Finlandais de l'autre. On s'est remis à échanger nos informations, nos livres et parfois un peu de nourriture.

Qu'est-ce qui vous a décidé à tenter de vous évader ?

Je venais de lire le livre d'Henri Amouroux, *La Grande Histoire des Français sous l'Occupation*. Il raconte la débâcle de 1940, puis l'arrestation par les occupants allemands des Français en âge de combattre. Lors de ces rafles, 62 000 Français se sont évadés. J'ai pensé, lorsque je me suis retrouvé dans ma propre débâcle, et que le président Chirac exprimait ses inquiétudes après l'intervention militaire philippine, qu'il fallait que nous prenions notre sort en main. L'évasion n'était plus alors une question de courage, mais une question de devoir. Cela a rendu la réflexion beaucoup plus facile, d'autant que mon ami Roland, lui, était convaincu avant moi que c'était la meilleure issue.

Et c'est au cours d'une opération militaire que vous avez choisi de partir...

L'opération militaire est intervenue dans la nuit du vendredi 15 au samedi 16 septembre, alors que la négociation pour Roland et moi, les deux derniers otages occidentaux, avait abouti, et que nous devions être libérés cette nuit-là. Le commandant Robot avait rendez-vous et était déjà en route pour récupérer la rançon quand il s'est trouvé au contact des militaires, que les militaires ont bloqué l'opération, et ensuite ont attaqué dans la nuit. Là, on nous a écartés de l'endroit où on dormait normalement. Et le lendemain matin, les bombardements ont commencé. Les avions nous ont survolés et nos ravisseurs ont décidé de fuir dans la jungle. On est partis en colonne, on a marché jour et nuit, pendant quatre jours, pour fuir les zones où nous étions systématiquement repérés par les avions. On sentait bien avec ces bombardements aériens que l'opération militaire n'était pas vraiment une opération de sauvetage des otages, et que les militaires faisaient assez peu de cas de notre survie, en tout cas les méthodes employées ne permettaient pas de nous récupérer.

Ce ne sont pas les militaires qui vous ont sauvés ?

Non, absolument pas. Il faut être très clair là-dessus. L'armée philippine a tiré une grande gloriole de nous avoir récupérés, et je leur laisse leur gloire. Ce qui s'est passé, c'est que dans les conditions dans lesquelles nous étions détenus dans le camp où nous étions auparavant, avec une île et une population complètement complices, il était évidemment inimaginable d'envisager une évasion. L'opération militaire sur le territoire de l'île de Jolo, avec 4 000 soldats au sol et les bombardements aériens, faisait que si nous nous échappions à ce moment-là, nous avions des chances de rencontrer des forces militaires. Et les civils, passablement secoués par les bombes, craignant pour eux-mêmes, ne nous auraient peut-être pas immédiatement remis dans les mains des Abou Sayyaf.

Un soir, on a repris la route parce que notre position avait été repérée par les avions. La nuit était très noire, il fallait pratiquement toucher la personne devant pour avancer, on marchait en file indienne sur des chemins étroits… Roland voulait qu'on se jette dans le premier trou noir pour nous cacher… Moi, je voulais absolument qu'on attende de traverser un axe routier sur lequel on aurait pu se repérer ou, en tout cas, faire des rencontres qui auraient pu nous sauver. Et à huit heures du soir, alors qu'on marchait depuis une heure et que ça faisait quatre jours qu'on se déplaçait tout le temps, on était très fatigués, on a traversé une route, ce qui a provoqué une cohue. Ils se sont tous précipités de l'autre côté de la route mais il fallait alors s'engouffrer dans un chemin qui faisait 50 centimètres de large. Et là, il y a eu une espèce de bouchon infernal, avec les rebelles qui couraient pour dépasser tout le monde dans une sorte de sauve-qui-peut, parce qu'ils avaient peur d'être aperçus sur la route par une patrouille militaire. Nous, on en a profité pour sauter sur le côté, pour se cacher dans le noir pendant cinq à dix minutes, contre une bergerie. Là, on a vu tous les rebelles continuer à courir et avancer dans la colonne. Et on s'est retrouvés seuls. On est partis en courant, on a fui. Un chien dans une maison s'est mis à hurler à la mort, on s'est retournés et on a cru à ce moment-là qu'ils essayaient de nous rattraper, car on voyait de la lumière derrière nous. On a plongé dans la jungle.

On a passé toute la nuit là, pendant huit heures à se terrer, sans faire de bruit, pour que surtout ils ne nous retrouvent pas. Huit heures immobiles, cachés par des feuilles de bananier, recroquevillés sur nous-mêmes, en essayant à l'occasion de trouver un peu de sommeil puisqu'il n'y avait que ça à faire, avec la ferme idée de ne pas émettre le moindre bruit au cas où ils auraient posté des guetteurs pour essayer de nous retrouver. À quatre heures du matin, il y a eu une averse – la pluie est bruyante là-bas. Couverts par ce bruit, on est sortis de notre tanière, on a regardé sur la route, et dans cette position on a encore vu la lumière. En fait, c'était une lampe devant une maison. Comme les rebelles avaient eu très peur en traversant la route, ils avaient dû marcher au minimum un quart d'heure avant de faire une pause. Peut-être ne se sont-ils aperçus de notre disparition qu'au bout de ce quart d'heure ; alors il était pour eux absolument inutile de faire marche arrière pour nous retrouver dans la jungle, parce que c'était comme rechercher une aiguille dans une botte de foin.

On a d'abord marché le long de la route, puis un peu plus confiants, quelques moments plus tard, on est remontés sur la route et on a continué pendant trois ou quatre kilomètres en ayant l'impression, d'après ce qu'on avait cru observer avec notre vague sens de l'orientation, de se rapprocher de la ville de Jolo. Et on se disait qu'il y avait un check-point de l'armée des Philippines à l'entrée de la ville, ou à quelques kilomètres. En fait, on a découvert ensuite qu'on s'en écartait ! Mais il fallait de toute façon s'éloigner au maximum de l'endroit où on avait faussé compagnie à nos ravisseurs. Il y avait quelques maisons autour, quelques lampes par-ci par-là, et au lever du jour, vers cinq heures, quand on a commencé à voir que des gens bougeaient à l'intérieur de chez eux, qu'on a aperçu une personne dans son jardin, on a décidé de se cacher de nouveau. Car il y avait toujours cette incertitude : si on tombait sur un civil, il y aurait une chance sur deux qu'il essaie de nous ramener auprès des rebelles... On s'est donc recachés auprès de la route, à quatre mètres derrière des buissons, et on a décidé d'attendre que des taxis brousses, qu'on appelle là-bas des *jeepney*, passent, pour tenter de déterminer, en fonction des passagers qui reviendraient avec des sacs ou qui partiraient à vide, la bonne direction pour Jolo. Ensuite, nous pensions en intercepter un. En fait, les deuxièmes véhicules qui sont passés, à six heures et demie, étaient des véhicules de l'armée. On s'est découverts, on les a appelés; on a expliqué qui on était, ils ont mis un peu de temps à comprendre, puis ils nous ont raccompagnés vers Jolo en se congratulant tout au long du chemin, alors qu'il s'était passé 10 heures entre le moment où on s'était enfui et le moment où ils nous ont récupérés.

Est-ce que vous croyez que si les ravisseurs vous avaient rattrapés, ils vous auraient exécutés ?

C'est difficile à dire. J'avais préparé quelques réponses humoristiques pour Robot. Au départ, lorsqu'on s'est écartés de la colonne, je m'étais mis dans une position que pouvait justifier un besoin naturel m'obligeant à m'écarter de la colonne. Ensuite, on était bien ennuyés. Je réfléchissais à ce que je dirais à Robot s'il m'avait retrouvé. On aurait essayé de jouer l'humour. Il m'avait fait promettre avant de partir de lui donner ma radio, je lui aurais dit : “ Je suis revenu parce que j'ai oublié de te la laisser... ” Mais il est très difficile de savoir comment ils auraient réagi réellement, puisque nos rapports étaient en permanence faux et hypocrites.

Est-ce que vous avez pensé qu'ils pourraient éventuellement se venger sur les autres otages ?

Nous n'aurions certainement pas envisagé une évasion si nous avions eu dans notre groupe d'autres otages occidentaux. Le sort des otages évangélistes philippins ne pouvait pas du tout être confondu avec le nôtre. Il ne pouvait pas y avoir de représailles sur les otages philippins quant à notre départ. Mais s'il y avait eu d'autres Occidentaux avec nous, il aurait été absolument inconcevable de mettre en danger la vie de nos collègues en essayant de fuir nous-mêmes.

Pensez-vous qu'il faut payer les rançons exigées par les ravisseurs ?

Je considère que les affaires d'otages ne sont pas des histoires très graves. C'est finalement un risque de mort pour trois ou quatre personnes, et pendant que nous étions otages, il y a eu des accidents d'avions, de sous-marins, des drames sur les routes, des personnes qui ont été plongées dans le malheur sans autre forme de procès. Simplement les affaires d'otage défraient la chronique parce qu'il n'y a pas de fatalité, et on a la chance d'appartenir à un pays qui considère la vie de ses ressortissants comme une valeur suprême et qui la défend. Mais comme toutes les affaires qui ne sont pas véritablement graves, je crois qu'il faut les traiter à moindre coût. Si vous envisagez une opération militaire, il faut des avions, des bateaux, des hélicoptères, mettre la vie de soldats en jeu sans être tout à fait sûr de récupérer les otages vivants, le tout loin du territoire français, c'est très cher et très dangereux. Cependant, ne rien faire et risquer la vie des otages peut se révéler désastreux pour un gouvernement en terme d'opinion, de sondage, d'élection. Alors, le moins coûteux, c'est de payer, mais il ne faut pas le dire, le faire très discrètement, et surtout que ce soit très compliqué. C'est de la diplomatie, on peut toujours enrober le paiement d'une rançon par des intermédiaires qui y trouvent leur compte.

Quels sont vos sentiments à l'endroit des gens qui vous ont privé de liberté durant deux mois et demi ?

Ce sont des crapules, ce sont des bandits, des pirates… Mais ils ne nous ont pas maltraités. Ils nous ont mis évidemment dans l'angoisse, ils ont surtout mis nos proches dans l'angoisse et dans l'inquiétude pendant deux mois et demi. Mais il n'y a pas eu d'animosité. Il y a bien sûr quelque chose de très malsain qui se met en place, c'est dangereux. Je suis très malheureux pour tous les mômes qui ont été pris dans cette mouvance, parce qu'on a annoncé dans une dépêche que cent dix-sept rebelles avaient été tués depuis notre départ. Dans ces cent dix-sept morts, il n'y a pas les leaders évidemment, il y a tous ces gosses qui avaient entre quinze et vingt-cinq ans, qui vivaient autour de nous, qui nous préparaient le feu, qui étaient entrés là-dedans un peu par accident, et qui étaient complètement paumés. Il y a deux choses : il y a les gosses qui ont été plongés dans cette histoire, et puis il y a les ravisseurs qui, eux, en faisaient leur business, commençaient à planquer leur argent et essayaient de faire en sorte que les négociations financières leur rapportent personnellement le plus possible et avaient finalement assez peu de préoccupations pour le sort de tous ces jeunes qui venaient les rejoindre.

LECTURES

– *Le Petit Prince*, Antoine de Saint-Exupéry
– *Le Christ s'est arrêté à Eboli*, Carlo Levi
– *Les Petits Chevaux de Tarquinia*, Marguerite Duras
– *Grâce et dénuement*, Alice Ferney
– *Pourquoi j'ai mangé mon père*, Roy Lewis
– *Les Choses,* Georges Perec
– *La Vie et moi*, Marcel Lévy
– *Les Célibataires*, Henry de Montherlant
– *Un été indien*, Truman Capote
– *La Musique du hasard*, Paul Auster
– *Le Colonel Chabert*, Honoré de Balzac
– *L'Équipage*, Joseph Kessel
– *Les Nourritures terrestres*, André Gide
– *La Nuit des temps*, René Barjavel
– *Les Filles de Hallows Farm*, Angela Huth
– *Hammerklavier*, Yasmina Reza
– *Trois chants funèbres pour le Kosovo*, Ismaïl Kadaré
– *La Maison déserte*, Jacques Tournier
– *Paroles de poilus*

– *La Plus Belle Histoire de l'homme*, André Langaney, Jean Clottes, Jean Guilaine, Dominique Simmonet

– *Alex*, Janine Huybrechts

– *Mémoires*, Lorenzo Da Ponte

– *Marie Stuart*, Stefan Zweig

– *Les Soldats oubliés de Mindanao*, John Keats

– *Le Banquet*, *Phèdre*, Platon

– *La Grande Histoire des Français sous l'Occupation*, Henri Amouroux

– *J'avoue que j'ai vécu*, Pablo Neruda.

Cet ouvrage a été imprimé sur presse Cameron
par **Bussière Camedan Imprimeries**
à Saint-Amand-Montrond (Cher)
en octobre 2000

Dépôt légal : octobre 2000
N° d'édition : 68
N° d'impression : 004659/1
ISBN : 2-84563-051-4

Imprimé en France